사람과 돈이 따르는
대화의 일류, 이류, 삼류

ZATSUDAN NO ICHI RYU, NI RYU, SAN RYU
©MINORU KIRYU 2020
Originally published in Japan in 2020 by ASUKA PUBLISHING INC.
Korean translation rights arranged with ASUKA PUBLISHING INC.
through TOHAN CORPORATION, and EntersKorea Co., Ltd.

이 책의 한국어판 저작권은 (주)엔터스코리아를 통해 저작권자와 독점 계약한
(주)산솔미디어에 있습니다.
저작권법에 의하여 한국 내에서 보호를 받는 저작물이므로
무단전재와 무단복제를 금합니다.

사람과 돈이 따르는

대화의 일류, 이류, 삼류

기류 미노루 지음 · 이현욱 옮김

산솔
SANSOL MEDIA
미디어

| 프롤로그 |

저는 좌천되었습니다

고등학교에서 성적은 항상 반에서 1등이었고, 학생회장으로 스포츠도 만능이었습니다.

비교적 자신이 우수하다고 생각하던 유형의 인간이었습니다.

그런 제가 대학을 졸업하고 입사한 지 3개월 만에 좌천되었습니다.

왜 좌천되었을까요? 영업 실적이 최하위였기 때문입니다.

저는 영업을 해야 하는 거래처에 약속 시간을 정하는 전화를 하지 못했습니다.

거절당하는 것이 싫었기 때문이죠.

상사와 동행하는 영업이 가장 괴로웠습니다.

제가 말하는 것을 상사가 듣는 것이 싫었기 때문입니다.

나 자신만 신경 쓰며 업무에 젬병인 저는 당연히 매출이 제로였고…….

입사 3개월 만에 지방으로 내려가라는 인사 명령을 받았습니다.

저는 넘버원이 되었습니다

지방에 가서는 예고 없이 찾아가는 영업을 하게 되었습니다.

이런 영업은 대부분의 경우 문전박대를 당하기 일쑤입니다. 때로는 클레임이 걸리기도 해서 정말이지 진절머리가 났습니다.

그래서 저는 기존의 고객만 방문하기로 했습니다.

먼저 매일 아침 7시에 첫 번째 거래처를 방문하여 5분 정도 담당자와 시시한 이야기를 나눕니다.

8시에는 다른 회사로 갑니다. 거기서도 간단히 담당자와 이야기를 나눕니다.

그리고 9시에 또 다른 회사로 갑니다.

이것을 꾸준히 반복했습니다.

그런데 이것밖에 하지 않았는데 기존 고객이 다른 고객을 잇따라 소개해 주었습니다.

1년 후에 저는 그 지역 매니저가 되어 있었습니다.
그리고 지방으로 좌천된 지 2년.
제 담당 지역은 전국 1,200개 지점 가운데 매출 달성률 1위를 기록했습니다.

저는 커뮤니케이션을 가르치는 강사가 되었습니다

수년 후에는 인재파견회사를 퇴사하고, 분야가 전혀 다른 음악학교에 접수 업무를 보는 직원으로 취직했습니다.
음악학교에는 수백 명이나 되는 강사가 있습니다.
항상 대기실에서 그 강사들과 시답잖은 이야기로 낄낄거리며 수다를 떨었습니다.
하지만 저는 음악에 관해서는 완전히 아마추어였습니다. 그래서 강사들과 음악에 대해서 이야기한 적은 없습니다.
그런 제가 입사한 지 3년 만에 사업부장이 되었습니다.

그리고 2017년, 모티베이션&커뮤니케이션을 설립했습니다.

원래 타인에게는 관심이 없고 나 자신만 생각하던 겁쟁이인 제가 지금은 이렇게 커뮤니케이션 스쿨을 설립하고 전국 35개 도도부현(都道府県 : 일본의 행정구역)에서 사업을 전개하고 있습니다.

인생은 어느 쪽으로 흘러갈지 아무도 모릅니다.

흔히 설명을 잘하는 사람이 잘 팔린다, 전문지식과 기술이 있는 사람이 출세한다고들 합니다. 그런데 현실은 꼭 그렇지 않습니다.

좋은 상품이 꼭 잘 팔린다고도 할 수 없고, 멋진 사람이 항상 인기가 많다고도 할 수 없습니다.

사람의 마음을 움직이는 것은 '어떤 것을 전하는가'보다 '상대방과 어떤 관계성을 가지는가'입니다. 이 관계성을 만드는 것이 바로 이 책의 테마인 '대화'입니다.

대화는 서로 간에 말을 주고받는 행위입니다.

이때 중요한 점은 '어떤 대화 소재를 택하는가'보다 '상대방과 어떤 관계성을 가지는가' 하는 점이고, 그것은 곧 사람의 마음을 움직이는 것과 관련되지요.

다름 아니라 말을 주고받음으로써 관계성에 불을 지피는

것입니다.

관계성을 구축하는 방법에는 인간의 심리에 바탕을 둔 정해진 패턴이 존재합니다.
그리고 일류라고 불리는 사람은 성공 패턴을 명확하게 알고 있습니다.

이 책에서는 전국적으로 3만 명이 수강한 우리 커뮤니케이션 스쿨의 방법을 사용하여, 대화를 통해 인간관계가 깊어지는 기술을 설명합니다.
이 책을 읽고 나면 왜 그동안 인간관계가 원만하지 않았는지 그 이유를 명확하게 알 수 있을 것입니다.
그리고 한 가지 방법이라도 실천한다면 분명 지금까지 경험한 적 없는 좋은 인간관계를 맺어나갈 수 있을 것입니다.

매일매일의 대화가 여러분의 인생을 바꿀 기폭제가 되기를 바라며 바로 시작해 보겠습니다.
마음에 드는 부분부터 한번 읽어보시길 바랍니다.

기류 미노루

프롤로그 004

Chapter 1 대화를 시작하는 법

첫 한마디
삼류는 "오늘은 덥네요"부터 시작하고
이류는 "30도가 넘는대요"부터 시작하는데, ... 019
일류는 무엇부터 시작할까?

첫 접촉
삼류는 상대가 말을 걸어주길 기다리고
이류는 먼저 이야기를 시작하는데, ... 023
일류는 먼저 무엇을 할까?

만났을 때의 인사
삼류는 인사만 하고 끝나고
이류는 인사에 한 마디를 더하는데, ... 027
일류는 어떻게 할까?

화제가 없을 때
삼류는 억지로 이야깃거리를 찾고
이류는 사람들이 흔히 사용하는 화제부터 찾는데, ... 032
일류는 무엇부터 찾을까?

대화 전의 준비
삼류는 아무런 준비도 하지 않고
이류는 대화 소재를 준비하는데, ... 037
일류는 무엇을 준비할까?

이름을 기억하는 법
삼류는 상대방의 이름을 잊어버리고
이류는 이름에 의미를 부여하는데, ... 041
일류는 어떻게 이름을 기억할까?

Chapter 2 이야기를 풍성하게 만드는 법

대화 고수
삼류는 말하기 고수가 되려고 하고
이류는 듣기 고수가 되려고 하는데,
일류는 어떤 고수가 되려고 할까? ……… 049

이야깃거리 수집
삼류는 이야깃거리를 수집하지 않고
이류는 이야깃거리를 사전에 준비하는데,
일류는 어떻게 할까? ……… 054

질문의 질
삼류는 깊게 생각하지 않으면 대답하기 힘든 질문을 하고
이류는 막연한 질문을 하는데,
일류는 어떤 질문을 할까? ……… 059

질문의 어휘
삼류는 질문을 제대로 하지 못하고
이류는 계속 질문을 하는데,
일류는 어떻게 질문을 할까? ……… 063

이야기가 멈췄을 때
삼류는 입을 다물고
이류는 무리하게 화제를 찾는데,
일류는 어떻게 할까? ……… 068

대화가 풍성해지는 칭찬 방법
삼류는 칭찬하면 이야기가 끝나 버리고
이류는 계속 칭찬을 해서 이야기를 풍성하게 만들려고 하는데, ……… 072
일류는 어떻게 이야기를 풍성하게 만들까?

칭찬할 점
삼류는 칭찬할 점을 찾지 못하고
이류는 칭찬할 점을 억지로 찾는데,
일류는 무엇을 칭찬할까? ……… 076

| 거리를 좁히는 법 | 삼류는 항상 벽을 만들고
이류는 공통점을 찾아서 거리를 좁히는데,
일류는 어떻게 거리를 좁힐까? | 080 |

Chapter 3 듣는 법과 리액션

| 이야기를 들을 때 | 삼류는 말을 제대로 듣지 않고
이류는 귀로만 듣는데,
일류는 어떻게 들을까? | 087 |

| 리액션 | 삼류는 무반응으로 이야기를 듣고
이류는 고개를 끄덕이며 듣는데,
일류는 어떻게 들을까? | 091 |

| 인정욕구 | 삼류는 인정해 주지 못하고
이류는 "대단하네요!"를 연발하는데,
일류는 어떻게 인정욕구를 충족시킬까? | 096 |

| 부정적인 이야기에 대처하는 법 | 삼류는 적당히 듣고 넘기고
이류는 동조하는데,
일류는 어떻게 할까? | 101 |

| 의견이 다를 경우 | 삼류는 상대방의 의견에 반론하고
이류는 상대방의 의견에 맞추는데,
일류는 어떻게 할까? | 106 |

| SNS | 삼류는 전부 무시하고
이류는 코멘트를 가로채는데,
일류는 어떻게 대응할까? | 111 |

Chapter 4 대화의 분위기를 띄우는 법

템포
삼류는 혼자 주절주절 이야기를 늘어놓고
이류는 이삼 분 정도 말하고 상대방에게 넘기는데, ·················· 119
일류는 어느 정도 말하고 상대방에게 넘길까?

설명
삼류는 이야기를 장황하게 늘어놓고
이류는 완벽하게 전달하려고 하는데, ·················· 124
일류는 어떻게 할까?

관심 끌기
삼류는 아무런 생각도 하지 않고 말하고
이류는 재미있는 토크로 관심을 끌려고 하는데, ·················· 128
일류는 어떻게 관심을 집중시킬까?

웃음
삼류는 웃음을 유발하지 못하고
이류는 재미있는 이야기를 생각하는데, ·················· 132
일류는 어떤 이야기로 웃음을 유발할까?

복수의 사람에게 말할 때
삼류는 덤덤하게 말하고
이류는 장면을 문자로 설명하는데, ·················· 137
일류는 어떻게 설명할까?

자신의 이야기를 할 때
삼류는 일방적으로 이야기를 계속하고
이류는 이야기를 재미있게 하려고 하는데, ·················· 141
일류는 무엇을 할까?

긴 잡담
삼류는 특별한 테마가 없고
이류는 상대방이 말하고 싶은 것을 테마로 삼는데, ·················· 146
일류는 무엇을 테마로 말할까?

| 분위기 읽기 | 삼류는 분위기를 읽지 못하고
이류는 주위 분위기에 맞추는데,
일류는 어떻게 할까? | 151 |

| 술자리 | 삼류는 항상 수동적이고
이류는 필사적으로 분위기를 띄우려고 하는데,
일류는 어떻게 할까? | 156 |

Chapter 5 상대방의 마음에 드는 법

| 자세 | 삼류는 어깨가 상대방에게 향하고
이류는 시선이 상대방에게 향하는데,
일류는 무엇이 상대방에게 향할까? | 163 |

| 보디랭귀지 | 삼류는 아무런 움직임 없이 말하고
이류는 과장스럽게 움직이는데,
일류는 어떻게 할까? | 168 |

| 자기 개시 | 삼류는 자신을 전혀 드러내지 않고
이류는 100퍼센트 드러내는데,
일류는 어떻게 자신을 드러낼까? | 172 |

| 연장자를 대하는 법 | 삼류는 호감을 얻으려고 하지 않고
이류는 일을 잘한다는 점을 어필하는데,
일류는 어떻게 할까? | 176 |

| 연장자와의 대화 | 삼류는 위축되어 말을 못하고
이류는 일단 치켜세우는데,
일류는 어떻게 할까? | 180 |

불편한 상사를 대하는 법
삼류는 가까이 가지 않으려고 하고
이류는 친근하게 업무 이야기를 하는데, ·············· 184
일류는 어떻게 할까?

Chapter 6 좋은 인상을 남기는 법

인상 남기기
삼류는 과도하게 어필하고
이류는 소극적으로 어필하는데, ·············· 191
일류는 어떻게 할까?

기억에 남기기
삼류는 특징이 없는 캐릭터가 되고
이류는 만능 캐릭터로 기억에 남는데, ·············· 196
일류는 어떤 캐릭터로 기억에 남을까?

마지막 한마디
삼류는 "그럼 이만" 하고 한마디를 하고
이류는 "오늘 재미있었어요"라고 감상을 전하는데, ·············· 201
일류는 어떤 말을 할까?

다시 만나기 위한 기술
삼류는 평범하게 "안녕히 가세요"라고 말하고
이류는 다음 약속을 잡으려고 하는데, ·············· 205
일류는 어떻게 할까?

헤어질 때
삼류는 가볍게 고개를 끄덕하고
이류는 깊게 고개를 숙이는데, ·············· 210
일류는 어떻게 배웅할까?

Chapter 7 대화를 잘하는 사람의 마음가짐

상대방에 대한 관심
삼류는 무관심하고
이류는 억지로 흥미를 가지려고 하는데,
일류는 어떻게 할까? ·························· 217

자신감
삼류는 자신감이 없고
이류는 애퍼메이션으로 자신감을 높이는데, ·········· 221
일류는 어떻게 자신감을 가질까?

자기 투자
삼류는 아무것도 배우지 않고
이류는 지식을 얻기 위해 배우는데, ·················· 226
일류는 무엇을 위해 배울까?

성공의 비결
삼류는 선천적인 재능이라고 대답하고
이류는 강한 의지라고 대답하는데, ·················· 231
일류는 뭐라고 대답할까?

열
삼류는 불연성 인간이고
이류는 가연성 인간인데, ························· 236
일류는 무슨 인간일까?

에필로그 ······ 241
옮긴이의 글 ······ 244

Road to High Class

대화를 시작하는 법

> ## 첫 한마디
>
> 삼류는 "오늘은 덥네요"부터 시작하고
> 이류는 "30도가 넘는대요"부터 시작하는데,
> 일류는 무엇부터 시작할까?

혹시 이런 경험을 한 적 없나요?

나:　오늘은 덥네요.
상대방: 그러네요. 더워요……. (침묵)

나:　오늘은 덥네요. 30도가 넘는대요.
상대방: 30도요? 어쩐지 덥더라고요.
나:　네……. (침묵)

이야기를 시작하자마자 바로 침묵이 흐르는 대화와 자연스럽게 이어지는 대화. 당연히 후자의 경우에 해당하는 일류는 도대체 어떤 것을 의식하고 대화를 시작할까요?

사실 여기에는 명확한 포인트가 있습니다.

일단 이 문제를 해결하기 전에 한 가지 질문에 대답해 보길 바랍니다.

인간이 가장 관심을 가지는 상대는 누구일까요? 자신이 좋아하는 아이돌일까요? 그렇지 않으면 왠지 신경이 쓰이는 같은 반 친구일까요?

둘 다 아닙니다. 가장 크게 의식하는 사람은 바로 '나 자신'입니다.

예를 들어 수학여행의 단체 사진. 사진을 그냥 휙 훑어 봤을 때, 좋아하는 친구와 자신의 얼굴 중 어느 얼굴을 먼저 찾을까요?

분명 자신의 얼굴을 먼저 찾을 것입니다.

자기소개와 타인소개, 어느 쪽이 더 잘될까요?

이것도 분명 자기소개일 것입니다. 나 자신에 대해서 가장 잘 알기 때문입니다.

인간은 나 자신을 가장 의식하면서 살아갑니다. 그리고 자신에 대해서 말하는 것이 가장 쉽습니다. 도리어 말하고 싶다고 생각합니다. 일류는 이 점을 명확하게 이해하고 있습니다.

일류의 대화를 잘 살펴보면 반드시 대화의 주제가 상대방과 관련된 것이라는 사실을 알 수 있습니다.

다음의 대화도 마찬가지입니다.

"오늘은 덥네요. 오늘은 30도가 넘는다고 해요. 컨디션은 괜찮으세요?"

"오늘은 정말 덥네요. 에어컨을 너무 세게 틀었나요? 괜찮으세요?"

"오늘은 더위가 정말 대단하네요. 그런데 ○○ 씨는 여름에 강한 것 같아요. 여름을 좋아하세요?"

이렇게 화제의 방향이 상대방을 향하도록 하여 상대방이 말하기 쉬운 테마를 설정합니다.

주변에 '저 사람과 이야기하면 나도 모르게 대화가 계속 이어져'라고 생각되는 사람이 있지 않나요?

만약 있다면 대화를 하면서 주의 깊게 한번 들어보길 바랍니다. 분명 대화의 주제가 나를 향하고 있을 것입니다.

> **첫 접촉**
>
> 삼류는 상대가 말을 걸어주길 기다리고
> 이류는 먼저 이야기를 시작하는데,
> 일류는 먼저 무엇을 할까?

　형사 드라마를 보면 조사관이 범인을 마주 앉혀 놓고 심문하는 장면이 자주 나옵니다. 이때 형사는 질문을 사용하여 조사를 진행합니다.
　질문을 통해 대답을 이끌어내면서 점점 범인을 추궁해 나갑니다.

　일반적인 드라마에서도 주변 인물이 주인공에게 "요즘은 어때?" 하고 질문을 던지는 장면이 자주 나옵니다.
　주인공이 질문에 대답하면서 주인공에게 관심이 집중됩니다.

　인간은 질문을 받으면 대답을 하게 됩니다.

"오늘 점심은 뭐 먹을 거야?"라는 질문을 들으면 순간적으로 오늘 점심을 먹는 장면을 떠올리게 됩니다.

학교 수업에서 선생님에게 "2 더하기 2는 뭐죠?"라는 질문을 받으면 이에 대한 대답을 합니다.

우리는 질문을 받으면 대답을 하는 습관을 가지고 있습니다.

일류는 이 습관을 명확하게 이해하고 있습니다.
질문을 잘 사용하여 상대방에게서 대화를 이끌어내고 대화를 주도해 나갑니다.
사실 대화의 주도권을 쥐고 있는 사람은 말하는 쪽이 아니라 질문하는 쪽입니다.

저의 전직 상사는 전국에서 최고의 실적을 자랑하는 세일즈맨이었습니다.

그 상사와 영업을 같이 가면 "사장님, 안녕하세요! 사장님, 최근에 소파 바꾸셨어요?", "소장님, 오랜만이에요. 피부가 많이 타셨네요. 골프?"라는 식으로 반드시 먼저 질문을 합니다.

이전에 대형 생명보험회사의 톱 세일즈맨과 교류회를 개최한 적이 있었습니다. 그 사람은 참석자 전원에게 "어서 오세요. 잘 지내셨어요?" 하고 말을 걸었습니다. 그리고 질문을 해서 대화의 주도권을 쥐었습니다.

실리콘밸리의 위대한 코치 빌 캠벨을 혹시 알고 있나요? 애플의 전 CEO 스티브 잡스와 구글의 전 CEO 에릭 슈미트의 스승으로 불리는 사람으로 《빌 캠벨, 실리콘밸리의 위대한 코치》라는 책으로 굉장히 유명해졌습니다.

빌 캠벨은 코칭을 할 때 꼭 "오늘 어때? 지금 무슨 일을 하고 있지?How are you? What are you working?"라는 질문부터 시작한다고 합니다.

질문을 해서 선수를 치는 것입니다. 우리는 질문을 받으면 반드시 대답을 하게 되기 때문이죠.

이 단순한 법칙을 일류는 아주 잘 알고 있습니다.

> ## 만났을 때의 인사
>
> 삼류는 인사만 하고 끝나고
> 이류는 인사에 한 마디를 더하는데,
> 일류는 어떻게 할까?

인사부터 대화가 시작되는 경우도 자주 있습니다.

예를 들면 아침에 출근한 직후에 상사에게 인사를 합니다. 회사로 출근하는 전철 안에서 동료와 우연히 마주쳐도 인사를 합니다. 처음 만난 고객에게도 인사를 합니다.

이럴 때에 "안녕하세요"로 끝나 버리면 대화가 더 이상 이어지질 않습니다. 그래서 인사에 한 마디를 덧붙이는 방법이 여러 책이나 세미나에서 소개되고 있습니다. 예를 들면 다음과 같이 인사에 한 마디를 더합니다.

- 상사의 경우 "안녕하세요. 어제는 저녁 늦게까지 감사했습니다."
- 동료의 경우 "안녕하세요! 어제 회식 재미있었죠?"

- 고객의 경우 "처음 뵙겠습니다. 만나 뵙게 되어서 영광입니다."

이것도 분명 나쁘지는 않다고 생각합니다. 다만 다음과 같이 그 다음으로 이어지지 않는 경우가 종종 있습니다.

"안녕하세요. 어제는 저녁 늦게까지 감사했습니다." → "아니야, 수고했어." → 침묵

"안녕하세요! 어제 회식 재미있었죠?" → "네, 재밌었어요." → 침묵

"처음 뵙겠습니다. 만나 뵙게 되어서 영광입니다." → "저야말로……." → 침묵

자연스럽게 대화를 시작하려면 인사에도 장치가 필요합니다. 그 장치란 바로 **'투 플러스'입니다. 인사에 두 마디를 더하는 것입니다.**

"안녕하세요(인사). 어제는 저녁 늦게까지 감사했습니다(한 마디). 그런데 부장님, 정말로 터프하시던데요(두 마디)."

"안녕하세요(인사)! 어제 회식 재미있었죠(한 마디)? 그래

서 너무 흥분한 거 같아요(두 마디)."

"처음 뵙겠습니다(인사). 만나 뵙게 되어서 영광입니다(한 마디). 이야기는 예전부터 많이 들었습니다(두 마디)."

이렇게 인사에 한 마디를 더하는 것이 아니라 두 마디를 더합니다.

인사 다음에는 상자가 두 개 있기 때문에 반드시 두 상자를 다 채워야 한다고 생각하면 됩니다.

인사 + ① □ + ② □

"오랜만이야! ① 잘 지냈어? ② 얼마 만이지?"

"안녕하세요. ① 항상 밝아 보여서 좋아요. ② 저도 배워야 할 거 같아요."

이렇게 이야깃거리를 집어넣습니다.

상자에 무엇을 넣든 상관없지만 그 내용에 따라서 다음에 전개될 이야기가 달라집니다.

일류는 선수를 치는 데 능합니다. 그래서 먼저 말하기 편한 분위기를 만듭니다.

인사는 대화의 시작입니다. 대화에 시동을 거는 것처럼 인사에 두 마디를 추가해서 이야기꽃을 피워봅시다.

화제가 없을 때

삼류는 억지로 이야깃거리를 찾고
이류는 사람들이 흔히 사용하는 화제부터 찾는데,
일류는 무엇부터 찾을까?

처음 만나는 사람과 말을 할 때, 맨 처음 어떤 이야기부터 시작해야 할지 몰라서 곤란한 경우가 많습니다. 매일 이야기를 나누는 상사라도 역시 엘리베이터 안에서 갑자기 만나면 딱히 할 말이 없어 어색해지기도 합니다.

자주 대화 소재로 소개되는 이야깃거리가 있습니다.
계절, 취미, 뉴스, 여행, 날씨, 가족, 건강, 일, 복장, 식사, 주거 등을 화제로 삼으면 대화가 풍성해진다는 것입니다.
그런데 매번 오늘은 계절, 오늘은 취미, 오늘은 뉴스, 오늘은 여행……, 이렇게 이야깃거리를 찾는다면 그것도 굉장히 힘들겠죠. 게다가 종류도 너무 많아서 외우기도 어렵습니다.

일류라 불리는 사람은 항상 정공법을 사용합니다. **누구나 관심을 가질 수밖에 없는 것부터 시작합니다.**

뉴스를 이야깃거리로 던진다 해도 그 이야기를 모르는 사람도 있을 것입니다. 여행 이야기를 꺼내도 "나, 여행은 별로 안 좋아해"라고 말하는 사람이 있겠죠. 날씨 이야기 역시 매일 한다면 분명 질릴 것입니다.

그렇다면 누구나 관심을 가질 수밖에 없는 이야기 소재란 도대체 무엇일까요?

정답은 인간이 매일 하는 다섯 가지입니다.

① 먹는 것, ② 움직이는 것, ③ 일하는 것, ④ 돈 쓰는 것, ⑤ 자는 것입니다.

어떠한 사정이 생겨서 전혀 하지 않는 경우도 있겠지만 기본적으로 이 다섯 가지는 인간이 매일매일 하는 행위라고 할 수 있습니다. 인간이 매일매일 하고 있다는 것은 인간에게 그만큼 중요하다는 뜻입니다. 중요한 것에는 누구나 관심이 있게 마련입니다. 이렇게 관심이 있는 것을 화제로 삼는다면 어떤 사람이라도 이야기를 전개하기 쉬워질 겁니다.

회사로 가는 도중에 우연히 상사와 만났을 때, 위의 다섯 가지 소재를 활용하면 각 방면으로 이야기를 펼칠 수 있습니다.

① 먹는 것

"요즘 많이 바쁘신 거 같던데 점심 드실 시간은 있으세요?"

"대부분 회사 주변에서 점심을 드시나요?"

② 움직이는 것

"요즘 운동 같은 건 좀 하세요? 저는 하나도 안 해서······."

"보통 몇 시쯤 일어나세요?"

③ 일하는 것

"요즘 일이 늦게 끝나는 것 같네요."

"지금 가장 시간을 많이 쓰는 업무는 어떤 것인가요?"

④ 돈 쓰는 것

"저는 돈이 잘 모이지가 않는데, ○○ 님은 어떻게 모으세요?"

"요즘 자기계발이나 취미활동 같은 건 하시나요?"

⑤ 자는 것
"평소에 잠은 잘 자는 편이세요?"
"쉬는 날에는 휴식을 확실히 취하시고는 계신가요?"

다양한 이야기 소재를 준비해 두고 말을 끊임없이 쏟아내는 사람과 자기가 관심이 있는 것에 대해서 말해 주는 사람 가운데 어느 쪽과 이야기를 나누고 싶어 할까요? 대화는 어디까지나 상대방과 함께 기분 좋은 공간을 만드는 것이 목적입니다.

대화 내용보다 **대화할 때의 '좋은 기분'을 잘 만들어내는 사람이 일류입니다.**

대화 전의 준비

삼류는 아무런 준비도 하지 않고
이류는 대화 소재를 준비하는데,
일류는 무엇을 준비할까?

주위를 보면 말을 걸기 쉬운 사람과 어려운 사람, 이 두 종류의 사람이 있지 않나요?

그 차이에 대해서 알아보려면 1994년에 미국에서 개봉한 〈마스크〉라는 영화가 굉장히 도움이 됩니다. 주연인 짐 캐리를 일약 스타덤에 오르게 한 코미디 영화입니다.

짐 캐리가 마스크를 착용했을 때의 풍부한 표정이 극장에서 폭소를 자아냈습니다. 사람은 표정 하나로 다른 사람을 웃게 만들 수도 있고, 기운을 북돋울 수도 있습니다.

풍부한 표정이라고 하면 일본에는 디즈니랜드의 '미키마우스'가 있습니다. 디즈니랜드에는 미키마우스를 보기 위해 연일 긴 행렬이 이어지고 미키마우스 주변은 항상 인산인해를 이룹니다. 만일 미키마우스가 오만상을 찌푸리거나 무서운 얼굴을 하고 있다면 주변에 사람이 모이지 않겠죠.

예전에 단골 카페에 인기가 굉장히 많은 여성 점원이 있었습니다. 그 카페에는 다른 점원도 있었지만 왠지 모르게 손님들은 그 점원에게만 말을 걸었습니다.

왜 그 점원에게만 말을 거는지 신기했던 저는 그 점원을 유심히 관찰해 봤습니다.

그리고 알게 되었습니다. 그 점원의 '순간적인 표정'에 답이 있다는 사실을 말이죠.

그 점원은 고객이 카페에 들어오면 '또 오셨네요. 너무 기뻐요!'라는 인사를 **말로 하지 않고 표정으로 표현했습니다.**

그것도 고객이 카페에 들어와 눈이 마주친 그 순간에 말이죠.

비유를 하자면 고등학교 동창회에서 20년 만에 친구와 재회했을 때의 '정말 오랜만이다. 그동안 잘 지냈어?'라는 표정입니다.

눈이 확 커지고 입꼬리가 올라가면서 '만나서 정말 반가워!' 하는 표정을 만나는 순간 바로 만들어내는 거죠.

그런 표정을 본다면 누구라도 그 순간에 바로 팬이 되어

버릴 것입니다.

우리가 누군가를 만났을 때 가장 먼저 어디를 볼까요? 그것은 다름 아니라 표정이겠죠.

인간은 표정을 보고 순간적으로 '이 사람은 말을 하기 편할 거 같아' 또는 '어려울 거 같아'라고 판단을 합니다. 아무리 대화의 소재가 많아도 상대방이 마음을 닫아버리면 대화가 이어지질 않습니다.

많이 경험하고 자기 자신을 갈고닦은 사람은 **항상 상대방이 어떤 표정을 보고 싶어 하는지를 연구합니다.**

표정에 의식을 집중해서 '너를 만나서 정말 좋아!'라는 마음을 표정만으로 표현하는 것이 일류의 기술입니다.

이름을 기억하는 법

삼류는 상대방의 이름을 잊어버리고
이류는 이름에 의미를 부여하는데,
일류는 어떻게 이름을 기억할까?

 예전에 만났던 사람의 이름이 기억나지 않는다……. 얼굴과 이름이 일치하지 않는다……. 이런 경험이 모두 한두 번쯤은 있을 것입니다. 상대방의 이름이 생각나지 않는 것만큼 곤란한 경우도 없죠.

 인간이 쉽게 기억하는 방법 중 하나는 바로 의미를 부여하는 것입니다.
 예를 들어 마쓰카와松川라는 사람과 만났다고 하면 '소나무松가 시내川처럼 흘러간다' 식으로 의미를 부여하거나, 그 사람과 대화한 내용을 이름과 함께 기억하는 방법이 있습니다. 하지만 매번 이름에 의미를 부여하는 것은 꽤 번거롭겠죠.

그래서 바로 사용할 수 있고 기억에도 잘 남는 방법을 소개하겠습니다. 그것은 바로 예전부터 모두가 하던 행위, 바로 '반복'입니다. **이름을 반복해서 부르며 기억하는 방법입니다.**

인간은 반복을 통해 기억을 정착시킵니다. 구구단이 좋은 예라고 할 수 있습니다. 어릴 때부터 구구단을 수없이 반복한 덕분에 9 곱하기 9를 잊어버리는 사람은 없겠죠.

저에게는 일본의 47개 도도부현都道府縣을 10초 안에 말할 수 있는 특기가 있습니다. 이것은 초등학교 사회 수업 시간에 계속 복창했기 때문입니다.

자신의 이름 역시 마찬가지입니다. 자신의 이름을 쓸 수 없는 사람은 없습니다. 그것도 반복해서 읽고 써왔기 때문입니다. 어려운 한자의 경우도 지금은 쓸 수 없다고 해도 몇 번이고 반복해서 연습한다면 얼마 안 가서 어렵잖게 쓸 수 있을 것입니다.

그렇다면 이 '반복'을 이름을 기억하는 데 응용하면 어떻게 될까요?

대화 속에서 반복해서 그 사람의 이름을 부르면 됩니다. 예를 들면 다음과 같습니다.

"다나카 씨이시죠? 처음 뵙겠습니다. 다나카 씨의 고향은 어디세요?"

"아, 그러세요. 다나카 씨는 여름보다는 추운 겨울이 더 좋으세요?"

"다나카 씨는 어떤 일을 하고 계세요?"

"그러시구나. 다나카 씨 같은 분만 계시면 분명 회사 분위기가 좋아질 것 같아요."

"오늘은 다나카 씨와 이야기를 나눌 수 있어서 너무 좋았어요."

이렇게 계속 상대방의 이름을 부르면 됩니다. 기억에 오래 남는 반복 작업인 거죠.

달인 수준이 되면, 만난 후에 보내는 메일에도 다음과 같이 쓸 수 있습니다.

"다나카 씨, 오늘 시간을 내주셔서 감사합니다. 다나카 씨와 이야기를 할 수 있어서 정말 좋았습니다. 다나카 씨의 이야기는 저에게 굉장한 자극이 되었습니다. 그래서 시간이 눈 깜짝할 사이에 지나버렸어요. 꼭 다시 다나카 씨와 만나 뵐 수 있길 바랍니다."

조금 극단적으로 써본 것이지만, 이렇게 반복하여 이름을 기억하면 좋습니다.

에빙하우스의 망각 곡선을 아시나요? 사람은 시간이 흐르면 점점 기억을 잊어갑니다. 반대로 바로 반복하면 기억에 남을 확률이 획기적으로 늘어납니다.

이름도 바로 반복하면 기억하기 쉽습니다. 대화를 하는 중에 '바로'라고 하면 언제를 말할까요? 두말할 필요도 없이 대화 도중입니다.

일류는 이름의 무게를 잘 알고 있습니다. 상대방이 자신의 이름을 잊어버렸을 때 인정욕구가 채워지지 않아 얼마나 자신을 부정 당하는 불쾌한 기분이 드는지를 아주 잘 알고 있습니다. 그러니 기억하기 가장 좋은 방법인 '반복'을 통해 상대방의 이름을 뇌리에 깊이 새기도록 합시다.

이야기를 풍성하게 만드는 법

대화 고수

삼류는 말하기 고수가 되려고 하고
이류는 듣기 고수가 되려고 하는데,
일류는 어떤 고수가 되려고 할까?

세상에는 박식하거나 잡학에 능통하여 이야기 소재를 많이 가지고 있는 사람이 있습니다. 특히 '○○ 마니아'라 불리는 사람은 그 분야의 이야기만 나오면 말이 멈추질 않습니다.
하지만 그런 식의 장광설長廣舌로는 유쾌한 대화 공간이 만들어지지 않습니다.

그렇다면 말하는 것 말고 듣는 것에 집중하면 될까요? 그것도 아닙니다.
고개를 끄덕이며 이야기를 듣고만 있어서는 '이 사람, 정말 듣고는 있는 건가?' 하는 의구심을 키울 수 있습니다. 부부싸움을 할 때 "저기, 내 말 제대로 듣고 있어?", "듣고 있다니까!"와 같은 전개가 꼭 이럴 때 일어나죠.

그러면 어떤 고수를 목표로 하면 될까요? 그것은 바로 '말을 하게 만드는 고수'입니다.

친구와 대화를 하다 보면 눈 깜짝할 사이에 시간이 한참 흘러버린 경우가 있죠? 분명 그 친구는 말을 하게 만드는 데 고수일 것입니다.

인간에게는 듣는 시간보다 말하는 시간이 금방 흘러갑니다. 그렇기 때문에 **상대방이 말하고 싶어지는 공간을 얼마나 잘 만들 수 있는지가 중요합니다.**

이런 공간을 만들기 위해서는 일류가 사용하는 '문장을 연결하는 말'에 주목해야 합니다.

"○○ 씨는 테니스를 10년씩이나 하셨어요? '그러니까' 학생 때부터 계속 테니스를 해오신 건가요?"

"'그러면' 건강에는 꽤 신경을 쓰시는 편이세요?"

"'또', 테니스 말고 다른 운동 같은 것도 하세요?"

이런 식으로 이야기를 진행시키기 위한 말을 활용하는 것입니다.

"최근에는 전혀 쉬지 못해서……"라는 말을 듣고 "아, 그래요?" 하고 고개를 끄덕이며 듣고만 있어서는 대화가 이어지지 않습니다. 그래서 다음과 같이 이야기를 진행시켜 봅니다.

"전혀 못 쉬시는군요. 꽤 바빠 보여요. 그런데 어느 정도 못 쉬신 거예요?"
"7일 연속으로 일하고 있어요."
"정말요? 그렇다면 잠도 별로 못 잤겠군요?"
"맞아요. 거의 못 잤어요."
"그러면 아이들과 보내는 시간도 거의 없는 거 아닌가요?"
"그렇죠. 아이들과 같이 놀아줄 시간도 전혀 없어요."

이런 식으로 이야기를 진행시키는 '연결하는 말'을 사용해서 대화를 끌어냅니다.
이렇게 대화를 계속 하다 보면 "오늘은 저만 계속 이야기해서 미안해요"라는 말을 듣는 경우가 많아집니다. 하지만 이걸로 괜찮습니다. 인간은 말을 하고 싶어 하는 동물입니다. 들어주길 바라는 욕구가 있습니다. 그렇기 때문에 그

욕구가 채워지는 공간이 상대방에게는 가장 기분 좋은 공간입니다. 그런 공간을 제공해 주는 사람과는 당연히 다시 만나고 싶다고 생각하겠죠.

일류는 듣는 것도 잘하지만 말을 하게 만드는 것에도 정말 능숙합니다. 문장과 문장을 잇는 말을 적절히 활용하여 이야기를 계속 끌어냅니다. 그래서 '이 사람과 또 만나고 싶다'는 마음이 들게 하는 것입니다.

이야깃거리 수집

삼류는 이야깃거리를 수집하지 않고
이류는 이야깃거리를 사전에 준비하는데,
일류는 어떻게 할까?

막상 대화가 시작되어도 이야깃거리가 떨어지면 '무슨 이야기를 하지?', '아까도 그 이야기를 했는데……' 하면서 대화에 어려움을 겪는 경우가 있습니다.

그래서 사전에 이야깃거리를 준비해 놓는 방법도 있습니다. 잡지나 인터넷에서 최신 정보를 체크해서 정보를 수집해 두면 말할 소재는 늘어날지도 모릅니다. 그렇지만 준비된 소재를 꺼낸다 하더라도 상대가 갑작스러워서 위화감을 느낄 수도 있고, 항상 정보를 머릿속에 쌓아두는 것도 쉬운 일이 아닙니다.

역시 그 자리에 가장 잘 어울리는 소재로 대화에 활기를 띠게 하는 것이 가장 좋겠죠.

이럴 때 사용할 수 있는 것이 바로 **'이야기 소재 연상법'**입니다.

예를 들어 '지금 관심이 있는 것'을 테마로 연상을 한다고 해봅시다.

'지금 관심이 있는 것'이라고 하면 '말하는 법'.

'말하는 법'이라고 하면 '만담가', '정치인', '예능인' 등이 떠오릅니다.

그중에서 하나를 골라, 만약 '만담가'라고 하면 "치하라 주니어의 만담이 재미있지", "가쓰라 시자쿠의 우동 먹는 법은 예술이야", "만담가는 아니지만 간다 하쿠잔의 말하는 기술은 정말 대단해"…….

여기서 다시 한 번 '치하라 주니어'라는 키워드를 고르면 '예능인', '형제', '요시모토흥업'…….

이렇게 '~라고 하면'을 사용하면 얼마든지 키워드를 생각해 낼 수 있습니다.

그렇다면 이 '~라고 하면'을 대화에 응용하면 어떻게 될까요?

"최근 다이어트를 해서……"라는 말을 들었다고 해봅시다.

나: 다이어트라고 하면 지금 유행하는 다이어트가 있어?

상대방: 탄수화물을 안 먹는 다이어트가 유행 중이야.

나: 탄수화물이라고 하면 어떤 거?

상대방: 밥이나 빵 같은 거.

나: 빵이라고 하면 밀가루네. 국수 같은 면도 탄수화물인가?

상대방: 맞아.

나: 밀가루라고 하면 꽤 먹어야 하는 상황이 많이 생기잖아.

상대방: 맞아. 꽤 많아서 좀 힘들어.

알기 쉽게 '~라고 하면'을 똑같이 계속 사용했지만, 이런 식으로 하면 '다이어트 → 탄수화물 → 빵 → 밀가루 → 상황'처럼 **한 가지 정보에서부터 이야기를 확산시키는 것이 가능합니다.**

로지컬 씽킹에서 말하는 로직트리Logic Tree입니다.

하나의 정보에서 다른 정보가 등장하고, 그 정보에서 또 다른 정보가 등장합니다. 이런 식으로 연상하다 보면 이야기 소재가 떨어질 일이 없습니다.

'~라고 하면?'이라는 질문을 받으면 상대방도 말을 하기 쉽기 때문에 대화가 원활하게 진행됩니다. 꼭 한번 이 연상법을 사용해서 그 상황에 가장 걸맞은 소재로 대화의 폭을 넓혀보길 바랍니다.

질문의 질

삼류는 깊게 생각하지 않으면 대답하기 힘든 질문을 하고 이류는 막연한 질문을 하는데,
일류는 어떤 질문을 할까?

프롤로그에도 쓴 것처럼, 대화는 '어떤 대화 소재를 택하는가'보다 '상대방과 어떤 관계성을 가지는가' 하는 점이 더 중요합니다.

그러니까 대화의 내용보다는 대화를 할 때 느끼는 편안함, 따뜻함, 즐거움 등을 통해 인간관계를 깊게 발전시키는 기술이라고 할 수 있습니다.

그렇다면 반대로 '불편한 공간'이란 어떤 공간을 말할까요?

인간의 뇌는 생각을 하면 뇌내에서 엄청난 에너지를 소비합니다. 시험을 볼 때 어려운 문제를 풀거나 일을 하다가 해결책이 보이지 않으면 꽤 머리를 써야 하죠.

'머리를 괴롭히다'라는 말처럼, 깊게 생각하면 할수록 인간의 뇌는 피폐해집니다. 즉 상대방에게 깊게 생각해야 하는 질문을 계속 던지면 상대방은 뇌의 움직임을 멈추고 기분이 나빠져 대화가 금세 끝나 버립니다.

일류는 이런 점을 분명히 이해하고 있습니다.

그렇기 때문에 항상 바로 대답할 수 있는 '구체적인 질문'을 합니다.

예를 들면 다음과 같이 막연한 질문이 아니라 구체적인 질문을 하는 것입니다.

① "요즘 바빠요?"보다는 "요즘 주말에는 집에서 쉬세요?"
② "취미는 뭐예요?"보다는 "휴일에 자주 하는 게 있나요?"
③ "건강을 위해서 신경 쓰는 게 있나요?"보다는 "요즘에 헬스장은 가세요?"
④ "오늘 저녁에 뭘 먹을까요?"보다는 "오늘, 깔끔한 생선요리 어떠세요? 아니면 배부르게 먹을 수 있는 고기?"
⑤ "요즘에 공부하는 게 있나요?"보다는 "요즘에 읽는 책 있나요?"

다음 약속을 정할 때 흔히 "다음에 만날 수 있는 날을 알려주세요"와 같은 말을 듣습니다.

그런데 이런 말을 들으면 자신의 전체 스케줄을 보고 비어 있는 날을 찾아서 세 개 정도 후보를 골라 상대방에게 전달해야 하기 때문에 상당히 피곤합니다.

그래서 그보다는 "다음 약속 말인데요, 이 셋 중에 괜찮은 날 있나요?"라고 구체적으로 제시해 준다면 상대방이 선택만 하면 되기 때문에 편해집니다.

가장 좋은 것은 **상대방이 생각하지 않아도 순간적으로 반응하는 수준으로 대답할 수 있는 질문입니다.**

추상적인 질문에 대답하려면 생각을 해야 하기 때문에 뇌가 피로해져 마음이 불편해집니다.

대화가 더 이상 진전되지 않거나 침묵이 이어질 때는 자신이 하고 있는 질문을 한 단계 더 세세하게 나눠서 구체적인 질문으로 바꾸도록 합니다.

질문의 어휘

삼류는 질문을 제대로 하지 못하고
이류는 계속 질문을 하는데,
일류는 어떻게 질문을 할까?

그냥 수다스러운 사람보다는 자신에게 관심을 가지고 질문을 해주는 사람에게는 호감을 느끼게 됩니다. 대화에 질문이 빠질 수 없죠?

하지만 "어제는 뭘 했어요?", "휴일에는 뭘 하세요?", "무슨 일을 하세요?", "어디 사세요?" 등등의 질문 공격을 당한다면 그것은 질문이 아니라 심문에 가깝습니다. 그래서 질문의 종류를 잘 분류해서 스마트하게 대화를 진행해야 합니다. 질문의 종류는 크게 세 종류로 나눌 수 있습니다.

① 대화가 깊어지는 질문
② 대화가 넓어지는 질문
③ 대화가 앞으로 나아가는 질문

첫 번째, '대화가 깊어지는 질문'은 '왜?'라는 질문입니다.

상대방: 최근에 근력 운동을 시작했어요.
나:　　그래요? 근력 운동 좋지요! 그런데 왜 시작한 거예요?
상대방: 아니, 뱃살 때문에…….

이렇게 '왜?'라는 질문을 통해 이야기의 깊이를 더합니다.

두 번째, '대화가 넓어지는 질문'은 '그거 말고는?'이라는 질문입니다.

상대방: 최근에 근력 운동을 시작했어요.
나:　　그래요? 몸을 움직이는 건 좋죠! 그거 말고 다른 것도 하세요?
상대방: 요즘은 가능하면 계단을 이용하려고 해요.

이렇게 '그거 말고는?'이라는 질문으로 이야기를 옆으로 넓혀갑니다.

세 번째, '대화가 앞으로 나아가는 질문'은 '그래서?' 또는 '그 다음에는?'이라는 질문입니다.

상대방: 최근에 근력 운동을 시작했어요.
나: 그래요? 저는 운동은 전혀 안 해서……. 그래서 어떤 근력 운동을 하는 거예요?
상대방: 복근 운동이랑 스쾃 운동을 주 3회 하고 있어요.

이렇게 '그래서?'라는 질문으로 이야기를 앞으로 진행시킵니다.

흔히 '최근에 남자친구랑 싸워서 → 그랬구나. 힘들었겠다. 그래서? → 남자친구, 정말 최악이야. 지난번에도 → 그래서?', 이런 식으로 사용됩니다.

이상한 충고보다는 "그래서?" 또는 "그 다음에는?"이라는 질문을 통해 **상대방이 말하고 싶은 것을 자연스럽게 이끌어냅니다.**

일류 골프선수는 드라이버, 아이언, 퍼터, 웨지를 상황에 따라 잘 구분해서 사용합니다. 일류 요리사 역시 끝이 뾰족한 식칼, 중국식 식칼, 회칼 등 모든 칼을 잘 사용합니다.

일류의 대화도 마찬가지입니다. 자신이 처한 상황에 따라 질문을 잘 선택·사용하여 상대방이 기분 좋게 말할 수 있는 공간을 제공하는 것이 일류의 대화술이라 할 수 있습니다.

이야기가 멈췄을 때

삼류는 입을 다물고
이류는 무리하게 화제를 찾는데,
일류는 어떻게 할까?

이삼 분 정도 대화가 이어진다 해도 그 후에 대화가 멈춰 버리는 경우가 있습니다. 그 침묵의 시간은 견디기 참 힘들 죠. 여러분은 그럴 때 어떻게 합니까?

억지로 이야기 소재를 찾으려고 안간힘을 쓰면 상대방은 '저 사람, 필사적으로 화제를 찾고 있네', '나랑 있는 게 별로 재밌지 않나 봐' 하는 생각을 할지도 모릅니다.

대화는 기분 좋게 만드는 것이 중요합니다. 상대방을 불안하게 해서는 안 됩니다.

침묵이 흐를 것 같은 상황에서 일류가 사용하는 화법이 있습니다.

그것은 바로 '답습 화법'입니다. 답습 화법이란 말 그대로 이전의 이야기를 이어받아서 말하는 방법입니다.

이야기가 멈췄을 때 억지로 새로운 소재를 찾는 것이 아니라, 하던 이야기에 자연스럽게 연결하는 방법입니다.

이때는 '아, 맞다, 그 이야기를 들으니까 생각난 건데', '그러고 보니', '그래서 말인데' 등을 사용해서 하던 이야기에서 다음으로 화제를 넓혀갑니다.

예를 들면 '우리 부서는 최근에 바빠서 → 그렇구나 (침묵)'라는 식으로 대화가 끝나 버리는 경우가 있습니다. 이렇게 말이 끊기면 답습 화법을 사용합니다.

'우리 부서는 최근에 바빠서 → 그렇구나 → 아, 맞다, 우리 부서 말인데, 요즘 젊은 사람들이 많아져서 교육하는 게 꽤 힘들어. ○○ 씨 부서는 어때?'라는 식으로 이어가면 됩니다.

'아, 맞다'나 '그래서 말인데'와 같은 말을 사용하여 이전의 대화에 자연스럽게 연결하면 새로운 이야기가 전개됩니다.

"얼마 전에 아타미에 놀러 갔다며!" → "맞아. 진짜 좋았어." → "아, 맞다, 여행 이야기가 나와서 말인데 여행 갈 때 유급휴가 써?"

"저는 인재파견회사에서 일해요." → "아, 그렇군요." → "인재파견회사에서 일하면 사람들이랑 만날 기회가 많아요."

다소 문맥이 어색할 수도 있지만, **대화는 이야기 내용에 합리성이 있는 것보다는 말하기 편한 분위기와 기분 좋은 느낌이 중요합니다. 그것이 바로 대화의 생명선이라고 해도 과언이 아닙니다.**

침묵이 이어질 때는 편리한 '아, 맞다, 그 이야기를 들으니까 생각난 건데', '그러고 보니', '그래서 말인데', '그렇다는 건' 등 이전 이야기를 '답습'하는 말을 사용하여 자연스럽게 화제를 연결해 보기 바랍니다.

침묵도 자연스럽게 타개해 나가는 것이 바로 일류의 화법입니다.

대화가 풍성해지는 칭찬 방법

삼류는 칭찬하면 이야기가 끝나 버리고
이류는 계속 칭찬을 해서 이야기를 풍성하게 만들려고 하는데,
일류는 어떻게 이야기를 풍성하게 만들까?

    칭찬은 굉장히 중요하지만 "넥타이가 멋지네요", "정장도 잘 어울려요", "웃는 얼굴이 정말 보기 좋아요"처럼 겉모습에 대한 칭찬만 계속한다면 뭔가 사람이 가벼워 보일 수 있습니다. 그리고 평소 자주 듣던 칭찬은 특별히 자극도 되지 않고 대화가 중단되는 경우도 생길 수 있습니다.
    그런데 여기에 한 가지를 더한다면 대화를 더 풍성하게 만들 수 있습니다.
    이것이 바로 '칭찬 포인트 + 원 포인트'라는 방법입니다. **평소에 주로 하는 칭찬에 한 가지 요소를 추가하여 상대방에게서 자연스럽게 대화를 끌어내는 화법입니다.**

    "○○ 씨, 그 재킷 정말 잘 어울리네요"라고 한다면 평범

한 칭찬이 됩니다.

여기에 이 화법을 적용하면 "○○ 씨, 그 재킷 정말 잘 어울리네요. 맞춤복인가요?"가 됩니다. 항상 칭찬하는 포인트에 다른 한 가지 요소를 추가한 것입니다.

이렇게 말하면 "아니에요. 싼 거예요"라든지 "전혀요. 아내가 알아서 산 거예요"와 같은 식으로 전개가 되겠죠.

그러면 "아내 분이 꽤 센스가 좋으시네요. 쇼핑을 같이 하세요?"라는 흐름으로 이어질 수도 있습니다.

예를 들어 최근에 머리를 짧게 자른 사람에게 "○○ 씨, 머리 자르셨네요. 짧은 머리도 잘 어울려요"라고 말한다면 그저 평범한 칭찬이 됩니다.

여기에 위의 화법을 적용해서 한 가지 요소를 더 추가합니다.

"○○ 씨, 머리 자르셨네요. 짧은 머리도 잘 어울려요. ○○ 씨는 몸매도 늘씬해서 정말 산뜻해 보여요."

그러면 "그래요? 산뜻해 보여요?"라든지 "아니, 말라 보여도 뱃살이 장난 아니에요"라는 식으로 이야기가 전개될 수 있습니다.

일전에 한 기업에서 연수가 끝나고 담당자에게 "기류 씨는 항상 밝으시네요. 뭔가 비결이 있으세요?"라는 말을 들었습니다.

저는 "아니, 우울해할 때도 많아요. 집에 있을 때는 진짜 어두운 인간이죠. (웃음)"라고 대답했습니다.

그러자 "어두운 인간이요? (웃음) 전혀 그렇게 안 보여요. 그렇게 안 보이는 기술이라도 있나요?" 하고 물어서 저는 "있죠. 그건……" 하고 말했고, 어느새 기분 좋게 이런저런 이야기를 나누고 있었습니다.

그 담당자는 정말 실력이 좋은 사람이라고 생각합니다.

단순히 "밝으시네요"라고 하는 것이 아니라 거기에 "뭔가 비결이 있으세요?"라고 하나를 더 추가한 거죠. 그러면 상대방은 **겉으로만 그런 것이 아니라 정말 자신에게 관심을 가지고 대해 준다고 느낍니다.**

일류는 '칭찬 포인트 + 원 포인트'라는 방법으로 새로운 이야기를 끌어냅니다.

'칭찬 포인트 + □'의 □에 적당한 말을 집어넣는 연습을 통해 상대방에게서 더 많은 대화를 끌어내 보면 좋을 것 같습니다.

칭찬할 점

> 삼류는 칭찬할 점을 찾지 못하고
> 이류는 칭찬할 점을 억지로 찾는데,
> 일류는 무엇을 칭찬할까?

아무리 생각해도 칭찬할 부분을 찾기 힘들 때는 과거와 비교를 해봅니다. 그러면 그 순간, 눈앞에 칭찬할 포인트가 나타날 것입니다.

예를 들어 지난번 시험에서 20점을 맞은 아들이 이번에 38점을 받았다고 해봅시다. 현재의 38점만 보면 분명 낙제점이기 때문에 칭찬할 게 없다고 생각됩니다. 하지만 지난번 20점과 비교하면 18점이나 더 받은 것이 됩니다. 18점이라는 발전은 분명 칭찬할 포인트로 충분하죠.

입사 3개월이 된 신입사원이 아직 계약을 한 건도 성사시키지 못했다고 해봅시다. 하지만 3개월 전에는 혼자서 영업을 나갈 줄도 몰랐기 때문에 그것과 비교하면 혼자서 영업을 하는 것 자체가 성장입니다.

그런 신입사원에게 말을 걸 때는 "막 입사했을 때는 혼자서 영업도 나가지 못하더니 지금은 혼자서도 잘 간다며? 대단하다"라든지 "막 입사했을 때는 아직 학생 같았는데 지금은 완전히 사회인이 다 됐네"라고 말하면 좋겠죠.

칭찬할 부분이 없을 때도 과거와의 비교, 즉 'Before → After'를 보면 칭찬할 포인트를 발견할 수 있습니다.

그렇다면 과거에 대해서 잘 모르는 사람한테는 어떻게 해야 할까요?

예를 들어 경영자 커뮤니티에 참가해서 처음 만난 사람과 이야기를 한다면 "지금 회사를 경영하시는군요" 정도밖에 칭찬할 포인트를 찾지 못할 것입니다.

그러나 "전에는 어떤 일을 하셨어요?"라고 질문한 다음 "회사원이었어요"라는 대답이 돌아오면 '(Before) 회사원 → (After) 경영자'를 알 수 있습니다.

그러면 "아, 원래는 회사원이셨는데 지금은 회사를 경영하시는 거네요. 안정을 버리고 독립하신 거군요. 엄청난 도전을 하셨네요"와 같은 식으로 칭찬할 포인트를 찾을 수 있습니다.

저는 평소에 청색 계열로 정장을 입는 경우가 많습니다.
그래서 "기류 씨, 파란색이 정말 잘 어울리시네요. 파란색은 역시 산뜻해 보여요. 그런데 예전부터 옷을 청색 계열로 입으셨어요?"라는 질문을 들은 적이 있습니다.
"아니에요. 예전에는 검은색이나 회색 같은 어두운 계열로만 입었어요. 색 같은 건 전혀 신경 쓰지 않았어요"라고 대답하니 "정말요? 지금은 이렇게 멋지신데, 믿을 수가 없네요. 무슨 계기가 있었나요?"라는 질문이 돌아왔습니다.
그 다음에는 청색 계열로 옷을 입게 된 배경을 기분 좋게 설명했죠. 이것도 정장에 대한 'Before → After'입니다.

별거 아닌 것 같은 것도 'Before → After'를 비교하면 보이는 세계가 있습니다.
그 차이를 평가해서 적극적으로 상대방을 칭찬해 보시기 바랍니다.

Road to High Class

일류는 'Before → After'를 칭찬한다

☑ 과거와 현재의 비교를 통해 칭찬할 포인트를 발견한다

거리를 좁히는 법

삼류는 항상 벽을 만들고
이류는 공통점을 찾아서 거리를 좁히는데,
일류는 어떻게 거리를 좁힐까?

커뮤니케이션을 주제로 한 세미나나 연수에서 '상대방과의 공통점을 찾으세요'라는 말을 자주 듣게 됩니다.

분명 고향이 같은 사람, 공통의 취미나 관심사를 가진 사람과는 이야기가 잘 통합니다. 하지만 대화가 힘든 경우는 처음 만난 사이라거나, 상대에 대해서 잘 알지 못하거나, 정보가 적을 때 아닌가요?

그럴 때는 상대방과의 공통점을 찾으려고 해도 좀처럼 쉽지 않습니다.

그렇다면 일류는 어떤 방법으로 거리를 좁힐까요?

정답은 바로 '차이점'입니다.

예를 들어 셀러리를 싫어하는 나에게 상대방이 "저는 셀러리가 너무 좋아요!"라고 했을 때, "아, 그러세요? 저는 싫어해요"라고 대답해 버린다면 거기서 대화가 끝납니다.

하지만 "어! 셀러리를 좋아하시나 봐요. 저는 좀······. 그런데 좋아하는 이유가 있나요?", "아, 그러세요? 그렇게 먹으면 맛있을 거 같네요", "저도 한번 먹어볼게요."라는 식으로 상대방은 셀러리를 좋아하고 나는 싫어한다는 **차이점에 주목해서 재미있게 이야기를 듣는다면, 상대방도 즐겁게 이야기할 것입니다.**

저의 고향은 니가타 현입니다. 니가타 현이라고 하면 눈이 많이 내리는 곳으로 유명합니다. 그래서 눈이 많이 오는 지방 출신과 대화를 하다 보면 항상 폭설 이야기로 분위기가 달아오릅니다.

그런데 따뜻한 오키나와가 고향인 사람과 이야기할 때도 눈이 내리고 내리지 않는다는 차이점에 주목한다면 다음과 같이 이야기꽃을 피울 수 있습니다.

나: 오키나와 출신이시군요! 부러워요, 항상 따뜻하고 눈도 안 오고. (웃음)

상대방: 눈이요? 본 적이 없어요. 어떤 느낌인가요?

나: 집 1층이 전부 눈에 파묻히다시피 하니까 낮에도 1층은 캄캄해요.

애초에 인간은 각자 특유의 성질을 가지고 있습니다.

각각 가치관도 다르고 과거의 경험이나 사고방식도 완전히 다릅니다. 그러니까 **인간은 공통점보다는 차이점이 압도적으로 많습니다.**

흔히 불편한 사람에 대해 반응하기 쉬운데, 그것은 자신과 상대방이 같은 가치관을 가지고 있을 것이라는 전제가 깔려 있기 때문입니다. 그 가치관이 다르기 때문에 초조해하거나 화가 나면서 점점 괴로워집니다.

원래부터 사람은 성격, 사고, 살아온 환경 등이 각각 다르기 때문에 의견이 다른 것은 당연합니다.

그렇다면 공통점을 억지로 찾는 것보다는 차이점을 찾는 편이 이야기의 소재도 많아지고 대화의 분위기도 좋아질 것입니다.

Road to High Class

일류는
차이점을 찾아서
거리를 좁힌다

☑ 차이점이 재미있다고 생각하는 것에서
대화의 돌파구를 찾는다

듣는 법과 리액션

이야기를 들을 때

삼류는 말을 제대로 듣지 않고
이류는 귀로만 듣는데,
일류는 어떻게 들을까?

여러분은 가끔 친구와 영화를 보러 가기도 하죠?

같이 영화를 보고 나면 그 영화를 주제로 말하기 바쁩니다. "아니, 설마 그렇게 전개될 줄은 생각도 못했어"라든지 "오늘 영화는 좀 별로네"라든지…….

그렇다면 그 영화를 보지 않은 친구와 자신이 본 영화에 대해서 이야기하는 경우는 어떨까요? 역시 함께 영화를 본 친구와 이야기할 때보다는 신이 나지 않겠죠.

왜일까요? 당연한 말이지만 그 이유는 '같은 영상'을 보지 않았기 때문입니다.

여행도 마찬가지입니다. 여행의 추억담도 함께 여행을 간 사람과 이야기할 때 서로 같은 영상을 공유하기 때문에 당연히 대화의 분위기가 더 좋습니다.

그러면 대화 이야기로 돌아가 봅시다.

같은 영상을 보고 대화를 하면 이야기가 더 잘 통한다는 사실을 안다고 해도 평소 생활 속에서 항상 상대방과 같은 영상을 공유할 수는 없습니다. 같이 영화를 보러 가거나 여행을 간 것이 예외적인 경우로, 상대방만 경험한 이야기를 듣는 경우가 대부분입니다.

"어제 전 직장 선배가 밥을 먹자고 해서……"라든지 "지난달에 친구랑 하와이에 갔을 때 말인데……"라든지.

이렇게 자신이 경험하지 않은 이야기를 들을 때는 어떻게 하면 좋을까요?

결론은 **마치 같은 영상을 보고 있는 것처럼 이야기를 듣는 것입니다.**

하와이에 가서 해변에서 수영을 한 이야기를 들을 때는 바다의 색깔, 모래사장의 색깔과 넓이, 사람의 수, 그날의 기온 등에 대해서 상대방의 머릿속에 있는 것과 같은 영상을 상상하며 이야기를 듣습니다.

그림이 잘 그려지지 않는다면 "하와이 바다는 무슨 색이야?", "모래는 어떤 느낌이야?" 하고 구체적으로 질문을 해 봅니다.

"지난주에는 등산을 했는데……"라는 이야기를 들을 때는 그 사람이 어떤 복장으로 어떤 배낭을 메고 어느 정도로 험한 산길을 땀을 흘리며 올랐는지, 그 산에 오르는 영상이 마치 눈앞에 펼쳐지는 것처럼 머릿속에 그리며 이야기를 듣습니다.

그렇게 하면 마치 같은 체험을 한 것처럼 대화가 이어집니다.

영화를 함께 봤을 때처럼 **같은 영상을 떠올리며 상대방의 이야기를 들으면 공감을 불러일으키게 됩니다.** 공감은 문자 그대로 같이 느낀다는 뜻입니다.

공감을 통해 '이 사람은 내 이야기를 잘 들어주네', '이 사람이라면 이해해 줄 거야'라는 인상을 남겨 신뢰관계를 구축할 수 있습니다.

인간에게는 상상력이라는 엄청난 능력이 있습니다.

이 상상력을 구사하여 상대방의 이야기를 영상화하면서 듣는 것입니다. 놀랄 정도로 상대방과의 거리감을 줄일 수 있습니다.

> **리액션**
>
> 삼류는 무반응으로 이야기를 듣고
> 이류는 고개를 끄덕이며 듣는데,
> 일류는 어떻게 들을까?

 베테랑 강사에게 "반응의 반대말은 무엇이라고 생각하세요?"라는 질문을 받은 적이 있습니다.

 저는 "무반응 아닌가요?"라고 대답했습니다.

 그런데 그 강사는 "반응의 반대말은 무시입니다"라고 말했습니다.

 무시는 '알고 있으면서도 모르는 척하는 것'으로 상대방의 존재를 완전히 부정하는 행위입니다. 무시라는 것은 굉장히 무거운 행위입니다.

 학교에서 무시를 당하면 등교거부를 할지도 모르고, 회사에서 무시를 당하면 출근하는 것이 싫어질지도 모릅니다. 막상 회사에 가려고 하면 전철에 타지 못할 정도로 공황장애를 일으키는 사람도 있습니다.

어린아이가 엄마에게 "저기, 엄마 들어봐, 들어봐" 하면서 말을 걸 때 바빠서 계속 무시한다면 그 아이는 언젠가 비뚤어질지도 모릅니다.

무시라는 것은 상대방의 인생까지 엉망으로 만들 수 있는 중죄입니다.

반응의 반대말은 무반응이 아니라 무시이다! 저는 이 사실을 알고부터 반응과 인간의 심리에 대해서 진지하게 공부하게 되었습니다.

이야기를 들을 때 가장 좋은 리액션은 철저하게 반응해 주는 것입니다. 다른 사람의 이야기를 들을 때의 반응이라는 것은 '끄덕임'입니다. 이 끄덕임은 '너의 이야기를 듣고 있어'라는 신호입니다.

끄덕임은 평소에 많은 사람들이 하고 있는 반응이죠.

그런데 일류라 불리는 사람은 끄덕임도 어딘가 다릅니다. 일류는 끄덕임에 또 다른 하나의 기법을 추가합니다. 그것은 바로 '감탄사'입니다.

감탄사란 간단하게 말하면 감정을 실은 말입니다.

예를 들면 "어, 그렇구나", "하, 정말 놀랐어", "아, 정말 대단해" 식으로 문장 앞에 있는 '어, 하, 아' 등입니다.

단순히 고개를 끄덕이는 것이 아니라 감탄사를 함께 사용하여 '대단해!', '놀랐어!', '감동적이야!'와 같은 감정을 담아 말을 전하는 것입니다.

혹시 도코로 조지라는 사람을 아시나요? 도코로 조지는 다수의 TV 방송에서 진행을 맡고 있고 호감도가 높은 탤런트로 유명한데, 왜 꾸준히 인기가 있는 걸까요? 저는 도코로 조지가 출연한 영상을 몇 편이나 보면서 연구를 했습니다.

그래서 도코로 조지가 "아~", "음……", "대단한데요?"와 같은 말을 연발하고 있다는 사실을 깨달았습니다. 한 영상에서는 1분간 무려 6번이나 하는 일도 있었습니다.

이런 반응을 본 상대방은 무의식중에 '이 사람은 내 이야기를 제대로 들어주네'라고 받아들이게 됩니다.

일류는 끄덕임과 감정을 세트로 만들어 상대방의 이야기에 반응하여 상대방의 인정욕구를 충족시킵니다.

끄덕임과 감탄사 '어~, 하~, 아~'에 감정을 실어 상대방의 이야기를 한번 들어보도록 하세요. 분명 상대방의 표정이 순식간에 기쁨으로 변할 것입니다.

인정욕구

삼류는 인정해 주지 못하고
이류는 "대단하네요!"를 연발하는데,
일류는 어떻게 인정욕구를 충족시킬까?

"행동으로 보여주고, 말로 들려주고, 직접 해보게 하고, 칭찬해 주지 않으면 사람은 움직이지 않는다."

전 해군 연합함대 사령장관인 야마모토 이소로쿠가 남긴 유명한 말입니다.

칭찬을 받으면 '인정받았다!', '이 사람은 나를 제대로 봐주고 있다!'라고 느끼면서 자신의 존재가치를 의식하게 됩니다.

칭찬 어휘에는 예를 들면 '대단해요', '멋지네요', '역시!'와 같은 것이 있습니다. 전부 상대방을 칭찬할 때 사용하는 말이지만, 무슨 일이 있을 때마다 '대단해요'만 계속 사용한다면 정말 그렇게 생각하는지 의심을 사게 되겠죠.

그래서 일류는 평소에 다른 사람이 잘 사용하지 않는, 한 단계 위의 표현으로 상대를 인정해 줍니다.

예를 들어 한 경영자가 다음과 같이 말했다고 해봅시다.
"내가 젊었을 때 한 번 회사가 도산한 적이 있었습니다. 한순간에 10억 엔의 빚을 지게 되었는데 7년 만에 다 갚고, 지금은 매년 10억 엔의 이익을 내는 회사로 성장했습니다."
자, 어떻게 대답하면 좋을까요?
일반적으로 생각하면 "정말 대단하신데요?"라고 대답할 것 같습니다.
하지만 한 단계 더 높은 표현을 해본다면 "정말 무시무시한데요?", "그건 믿기 힘든 이야기예요", "정말 집중해서 들었어요"라고도 할 수 있습니다.
이처럼 '대단하다'와 동등한 단어를 사용하여 다양한 표현이 가능합니다.
'멋지다'라는 말도 마찬가지입니다. 이것도 '아름답다', '우아하다', '깊이가 있다', '품격이 있다'와 같은 한 단계 높은 표현으로 바꿔서 사용할 수 있습니다.

평소에 자주 들어보지 못한 말로 칭찬을 듣는다면 상대방은 '평소와는 다르네'라고 무의식적으로 반응할 것입니다.

제가 자주 사용하는 문장으로는 "열정의 단위가 다르시네요", "박력이 있으시네요", "아우라가 있으시네요", "깨어 있으시네요", "행복하시겠어요" 등이 있습니다.

일류는 어휘력의 전문가입니다. 어휘력이란 간단히 말하면 '다른 말로 바꿔 말하는 능력'입니다.

예를 들어 "○○ 씨는 목소리가 정말 좋아요"라는 말을 "○○ 씨는 목소리에 생기가 넘쳐요", "○○ 씨의 음색은 정말 듣기 편해요"로 '좋은 목소리'를 '생기'나 '음색'이라는 표현으로 바꿔보는 것입니다.

"○○ 씨의 의욕은 정말 대단해요"를 "○○ 씨의 의욕은 다이너마이트 같아요"라고, "○○ 씨는 머리 회전이 정말 빨라요"를 "○○ 씨의 머리 회전 속도는 음속보다 빨라요"라고 평소에 사용하는 말보다 한 단계 높은 말로 바꿔서 표현해 보는 것이죠.

그러면 상대방의 반응도 바뀝니다.

상대방을 인정해 줄 때는 몇 가지 메뉴 중에서 상대방이 기뻐할 만한 말을 선택합니다. 메뉴를 늘리기 위해서는 소설이나 시에서 표현을 모으거나, 강연 영상을 보고 멋진 표현을 기억하는 방법을 추천합니다. 한 단계 높은 표현이 상대방의 기뻐하는 얼굴을 만든다는 생각으로 평소의 대화에 적용해 보면 좋을 것 같습니다.

부정적인 이야기에 대처하는 법

삼류는 적당히 듣고 넘기고
이류는 동조하는데,
일류는 어떻게 할까?

　대화라고 해서 항상 재미있는 건 아닙니다. 상대방에게 부정적인 이야기를 듣는 경우도 있습니다. 예를 들면 "아, 왜 나만 이렇게 바쁜 거야", "우리 부장 진짜 이상해", "정말 의욕이 하나도 없다" 등등.
　이럴 때는 보통 어떻게 대답하나요?

　"음······" 하고 적당히 흘려버린다면 분위기가 안 좋아지겠죠.
　적극적으로 "그래? 정말 힘들겠다", "알지, 그 기분", "진짜 이상한 사람이네" 하고 동조하는 것도 나쁘지는 않지만, 부정적인 기분을 공유한다면 서로 기분이 상한 상태로 대화가 끝날 수도 있기 때문에 좋은 방법이라고는 말하기 어렵습니다.

　가장 좋은 방법은 대화를 통해 조금이라도 상대방을 기분 좋게 만드는 것입니다.

　그렇게 하기 위해서는 다음의 '기분이 좋아지는 3대 욕구'를 대화에 섞으면 됩니다.

① 인정받고 싶다
② 칭찬받고 싶다
③ 격려받고 싶다

　미식축구 시합 전에 백야드에서 감독이 선수들을 내보내며 "너희들은 정말 대단해. 이제까지 정말 잘 해왔어. 우리가 이긴다!"라고 선수들이 분발해 주기를 바라며 응원하는 경우가 자주 있습니다. 만화 《슬램덩크》에 나오는 안자이 감독의 "너희들은 강하다"라는 명언은 굉장히 유명합니다. 이렇게 명장이라 불리는 사람은 인정해 주고 칭찬해 주고 격려해 주며 동기부여를 합니다.

　제가 건강 때문에 안마·지압을 받던 때에 항상 예약이 어려운 시술사가 있었습니다. 그 사람은 "고객님, 운동하세요? 근육을 꽤 많이 쓰셨네요. 이 정도면 근육이 뭉치는 게 당연해요. 정말 대단해요. 정말 열심히 하셨나 봐요"라고 엄청나게 칭찬을 해줬습니다.

반대로 인기가 없는 시술사는 책상에 앉아서 하는 일이 많아 허리가 아프다는 손님에게 "그래요? 요즘 책상에서 일하는 사람이 늘어서 말이죠. 요통이 있는 분이 많아요"라고 말하고 있었습니다.

어느 쪽과 이야기를 하고 싶은지 묻는다면 나를 인정해 주는 전자의 시술사가 아닐까요?

부정적인 화제가 나오면, 일단 그 이야기를 듣고 나서 마지막에 다음과 같이 **상대방을 인정하고 칭찬하고 격려합니다.**

"아니, 그래도 ○○ 씨는 그렇게 바쁜데도 초인적인 힘을 발휘하네요. 정말 대단해요."

"○○ 씨, 부장님과 그렇게 싸우고도 매일 회사에 출근하는 거, 멘탈이 정말 강하신 거예요."

"○○ 씨가 그 정도로 열심히 하시니까 저도 좀 더 신경을 써야겠다는 생각이 들어요."

'동기부여 스위치'를 확실히 누르고 마이너스에서 플러스의 상태로 대화를 끝낼 수 있도록 대화의 말미를 의식해야 합니다.

의견이 다를 경우

삼류는 상대방의 의견에 반론하고
이류는 상대방의 의견에 맞추는데,
일류는 어떻게 할까?

주위에 '아니야', '그런데', '그래도'가 말버릇인 사람, 있지 않나요?

담론을 벌이는 상황이라면 반론도 필요합니다. 하지만 대화에서는 의견이 옳고 그른 것보다 편안한 마음이 중요합니다. 그런데 이렇게 반론을 의미하는 단어를 연속으로 사용한다면 재미없는 사람으로 여겨지고, 주위 분위기도 이상해집니다.

예를 들어 "오늘 춥네요"라는 말을 들었다고 해봅시다. 그런데 나는 오히려 따뜻하다고 생각하는 상황입니다. 이렇게 의견이 다를 때는 어떻게 대답하면 될까요?

"아니, 오히려 따뜻하지 않아요?"라고 말해 버리면 분위기가 이상해지겠죠. 대화도 중단될 것입니다. 그러면 "네, 춥네요"라고 말을 맞춰줘야 할까요? 이것도 왠지 거짓말 같아서 기분이 찝찝합니다.

이런 상황에 대한 대처법으로 관심사를 바꾸는 방법이 있습니다.

"춥네요"라는 말을 들었다면 "○○ 씨는 추위에 약하시죠?"라고 관심사를 바꿔서 질문하는 것입니다.

다음은 제가 직접 나눈 대화입니다.

나: 오늘 꽤 춥네요.
상대방: 기류 씨 고향에는 눈이 많이 오지 않나요? (관심)
나: 그렇긴 한데 옛날부터 추위에 약해서……
상대방: 눈이 많이 내리는 곳에서 태어난 사람은 전부 추위에 강할 거라고 생각했는데 그것도 아닌가 봐요. (관심)
나: 네. 추위에 약한 사람도 꽤 많아요.
상대방: 그러면 그런 사람들은 어떻게 추위를 견디죠? (관심)
나: 발열 내의를 두 개 겹쳐 입는 거죠. (웃음)

이런 식으로 관심사를 바꾸면 대화가 점점 더 풍성해집니다.

반론하지 않아도 되고, 억지로 상대방에게 맞추지 않아도 됩니다. 이렇게 상대방에게 관심을 가지고 질문한다면 편안한 공간을 만들 수 있습니다.

"올해는 올림픽이 열리니 신나요"라는 말에 대해 "아니, 저는 올림픽에는 별로 관심이 없어서"라고 말한다면 대화가 이대로 끝나 버립니다. 그 대신 "○○ 씨, 티켓은 사셨어요?"라든지 "평소에 스포츠 경기는 좀 보세요?"라고 대화의 방향을 상대방 쪽으로 돌린다면 대화 내용이 풍성해집니다.

누구라도 자신의 의견이 옳다고 생각하고 관철되기를 바랍니다. 하지만 반론하기 전에 '왜 이 사람은 그렇게 생각하지?'라고 관심을 가진다면 거기에 생각할 '틈'이 생깁니다.

반론할 때는 화가 나는 경우가 많습니다. 그 분노를 제어하려면 조금 냉정해질 수 있는 이 '틈'이 필요합니다.

손자병법에도 "싸우지 않고 이기는 것이 최상책이다"는 말이 나오지만, **논쟁에서 이기는 데 집착하는 것이 아니라 안심하고 말할 수 있는 공간을 만드는 것을 우선시해야 합니다.**

SNS

삼류는 전부 무시하고
이류는 코멘트를 가로채는데,
일류는 어떻게 대응할까?

지금은 SNS도 하나의 커뮤니케이션의 장으로 기능하고 있습니다.

SNS에 올라오는 글은 별거 없는 이야기가 대부분으로, 실제 잡담을 인터넷으로 옮겨놓은 것과 비슷합니다. 따라서 SNS도 잡담의 일종이라고 생각해도 좋을 것 같습니다.

실제로 잡담을 나누다가 무시를 당한다면 매우 불쾌하겠죠? 이것은 SNS에서도 마찬가지입니다. 어떤 코멘트가 달리거나 반응이 있다면 글을 쓴 사람도 기뻐하겠죠.

예를 들어 '지난주에 오키나와에 다녀왔습니다!'라고 글을 쓴다면?

글쓴이에게는 알아줬으면 좋겠다, 봐줬으면 좋겠다는 욕구가 있

었을 것입니다.

그렇다면 이 글에 '저도 지난달에 다녀왔어요!'라는 코멘트를 남긴다면 어떨까요? 글쓴이의 욕구가 충족되었을까요?

이것은 개인적인 실패담인데, 이전에 제가 심리학을 공부하기 시작했을 때 어떤 사람이 저에게 "최근에 자기계발에 빠져서 심리학을 공부하고 있어요"라는 말을 했습니다.
저는 보란 듯이 "정말이에요? 아니, 사실 저도 하고 있거든요. 지금은 융 심리학을 공부하고 있는데, 역시 융과 프로이트는 확실히 다르더라고요" 하고 의기양양하게 이야기를 가로채 버렸습니다. 그랬더니 그 사람은 그 자리를 떠나버렸습니다.

글쓴이의 심리를 생각해 보면 '지난주에 오키나와에 다녀왔습니다!'라는 글에 '저도 지난달에 다녀왔어요!'라고 말을 가로채기보다는 '와! 재미있었겠다!', '바다랑 너무 잘 어울려요!', '재충전했으니 이제 더 대단한 일을 할 거 같네요!'와 같이 자연스럽게 알아주는 반응을 해준다면 더 기쁠 것입니다.

"○○ 스터디에 다녀왔어요!"라는 글에 "저도 요즘 그거 공부하고 있어요!"라고 끼어들기보다는 "열정이 대단하세요. 다음에 저한테도 알려주세요!", "바쁘신데 공부까지 하시네요. 대단하세요!", "역시 잘나가는 사람은 달라요. 항상 배우려는 자세가 대단해요!"와 같은 코멘트를 남긴다면 호감도가 더 높아지겠죠.

사람들이 가장 싫어하는 것은 '무시'입니다. 그리고 다음으로 싫어하는 것이 '가로채기'입니다. 이야기를 하는 도중에 이야기를 가로막거나 가로채는데 기분 좋을 사람은 없습니다.

반대로, 자신에게 잘 대해 주는 사람은 함부로 대할 수가 없습니다. 보답성의 법칙입니다.

누군가가 잘 해주면 나도 잘 해주고 싶다는 것입니다. 선물을 받으면 나도 답례를 하고 싶어집니다. 활기차게 인사를 해주면 나도 크게 인사를 하고 싶어집니다.

SNS도 마찬가지로 자신을 알아주는 사람에 대해서는 '다음에 뭔가 해주고 싶다'라는 잠재의식이 작용합니다. SNS에서 이런 좋은 관계성을 구축할 수 있다면 실제로 만났을 때도 틀림없이 기분 좋게 대화를 나눌 수 있을 것입니다.

일류는 실제의 잡담뿐만 아니라 SNS 같은 일상적인 커뮤니케이션 공간에서도 상대방과의 관계성을 풍요롭게 만드는 포석을 깔아둡니다.

Road to High Class

일류는
아무렇지도 않게
상대방을 알아준다

☑ 글쓴이의 심리를 생각한 코멘트로 관계성을 만들어간다

대화의 분위기를 띄우는 법

템포

삼류는 혼자 주절주절 이야기를 늘어놓고
이류는 이삼 분 정도 말하고 상대방에게 넘기는데,
일류는 어느 정도 말하고 상대방에게 넘길까?

갑작스럽지만 한 가지 질문을 하겠습니다. 혹시 대화할 때 자신이 말하는 '시간'을 재본 적이 있나요? 예를 들어 "어제 뭐 했어?"라는 질문을 받았을 때 대답하는 데 어느 정도의 시간을 사용하나요?

말하기를 좋아하는 사람이라면 3분, 5분, 계속 자신이 볼을 가지고 말을 이어갈 것입니다.

주절주절 자신의 이야기만 늘어놓는 사람은 호감을 살 수 없습니다. 반대로 템포가 좋은 사람은 자신의 이야기는 조금만 하고 "○○ 씨는 뭐 했어?" 하고 상대방에게 볼을 넘깁니다.

대화에서는 30초 정도 말하고 말을 넘기는 것이 가장 좋습니다.

TV 광고는 대체로 15초에서 30초 정도로 구성되어 있습니다. 왜냐하면 인간은 흥미가 없는 것에 대해서는 30초 정도가 경과하면 급격하게 집중력이 떨어지기 때문입니다.

라디오 진행자도 대체로 30초 정도 말하면 반드시 게스트에게 마이크를 넘깁니다.

예능 프로그램의 진행자를 봐도 일류라고 불리는 사람은 30초 정도 말하고 게스트들에게 이야기를 넘깁니다.

명사회자인 아카시야 산마의 진행 템포는 정말 귀신같죠. 먼저 자신이 개그로 웃기고 게스트들에게 이야기를 넘겨서 웃기게 만듭니다. 그리고 다시 자신이 이야기를 가져와서 새로운 전개를 만들고 바로 게스트들에게 넘겨 또 웃기게 만듭니다. 이렇게 30초에 한 번 정도 말하는 사람이 바뀝니다.

우리는 자주 기업에서 영업 연수를 실시합니다.

전화로 약속을 잡는 것이 특기인 영업사원은 "○○통신회사 대리점을 하고 있는 □□라고 합니다. 현재 월 2천 엔이 저렴해지는 요금제를 소개하고 있는데 귀사는 △△회선을 사용하고 계신가요?" 하고 30초를 경과했을 때쯤 상대방에게 질문을 합니다.

상대방에게 볼을 넘기지 않으면 전화가 끊기기 때문이죠.

이를 대화에서 활용하면 어떻게 될까요?

"○○ 씨, 최근에 골프 시작하셨어요? 저도 골프를 시작했는데요. 지난주에는 지바에 있는 △△컨트리클럽에 갔었는데, 아직 익숙하지 않아서 그런지 점수는 □□이었어요. ○○ 씨는 어디를 주로 가세요?"

예를 들어 이렇게 말하면 약 30초 정도가 됩니다. 이렇게 30초 정도 말하고 상대방에게 말을 넘깁니다.

"어제 올해 흥행 수입 1위인 ○○(영화)를 보러 갔어요! 엄청나게 사람이 많아서 4시간도 더 기다렸답니다. 그런데 기다린 보람이 있었어요. 엄청 재밌었거든요. 대부분이 감동을 받아서 통곡을 하더라고요. 이 영화 봤어요?"

이렇게 30초 동안 말하고 상대방에게 이야기를 넘깁니다.

이렇게 하면 **대화에 템포가 생겨서 상대방도 질리지 않고 대화를 이어갈 수 있습니다.**

TV나 라디오의 유명한 진행자, 회사에서 촉진자 역할을 하는 사람, 미팅에서 그 자리를 주도하는 리더 등등. 대화를 할 때 이런 사람들이 말하는 시간에 주목해 보면 좋습니다. 분명 자신은 짧게 말하고 바로 상대방에게 이야기를 넘길 것입니다. 그렇게 그 자리의 흐름을 만들어 즐거운 공간을 쌓아나가는 것이죠.

> **설명**
>
> 삼류는 이야기를 장황하게 늘어놓고
> 이류는 완벽하게 전달하려고 하는데,
> 일류는 어떻게 할까?

대화에서도 '이해하기 쉬운 이야기'가 중요합니다. '이 사람 무슨 이야기를 하고 있는 거지?', '무슨 뜻인지 잘 모르겠어'라고 느낀다면 대화는 이어지지 않습니다.

이해하기 쉬운 이야기를 하려면 어떻게 해야 할까요?
그림으로 전달하면 됩니다. **인간의 뇌는 문자로 인식하는 것보다 그림으로 인식하는 쪽이 압도적으로 빠르기 때문입니다.**
아이들에게는 그냥 책보다 그림책이 역시 인기가 많습니다. 최근에 비즈니스 서적이 '만화로 보는 ○○'와 같은 제목으로 많이 나오는 것도 그림으로 보면 정보가 한눈에 들어오기 때문입니다.
대화에서도 마치 상대방에게 한 장의 그림을 보여주는

것처럼 곧장 전달되는 화법이 있습니다. 바로 **'비유 화법'**입니다.

비유 화법이라고 하면 맛집 리포터로 유명한 히코마로가 있습니다. 가이센동(해산물 덮밥)이 나왔을 때 "우아, 바다의 보석함이잖아!"라고 말합니다. 이 한마디로 '바다의 보석함'이라는 그림이 시청자들의 머릿속에 그려집니다.

아무리 "우아, 성게가 노랗게 빛나고 참치도 맛있어 보이고 오징어도 신선해 보이고 연어알도 반짝이고……"라고 자세하게 설명해도 제대로 전해지지 않습니다.

예를 들어 "가족은 어떻게 되세요?"라는 질문을 받았다고 해봅시다.

"우리 가족은 할아버지, 할머니가 계시고 어머니, 아버지, 그리고 3남매인데 누나 가족도 함께 살고 있어서 굉장히 북적거려요"라고 하는 것보다는 "우리 가족은 《사자에 씨》(사자에 씨와 그 가족 이야기를 그린 일본의 국민 만화)예요"라고 하는 편이 사자에 씨 일가처럼 북적북적한 집안 분위기가 전해져 바로 이미지가 떠오릅니다.

실제로 우리 집은 9명 가족으로 증조모, 조부, 조모, 아버지, 어머니와 함께 4형제의 막내로 자랐기 때문에 '사자에 씨'의 비유를 자주 사용합니다.

이 비유 화법을 사용하는 방법은 의외로 간단합니다. **비슷한 것을 연상시키기만 하면 됩니다.**

"우리 상사는 항상 거만하고 자기 마음대로여서 다른 사람 말을 잘 안 들어요." → "우리 상사는 퉁퉁이(만화 《도라에몽》에서 주인공들을 괴롭히는 난폭한 남자아이) 같아."

"회사 가까이에 조림이랑 된장국이 맛있는, 소박하지만 건강한 맛이 나고 분위기도 괜찮은 정식집이 있는데 다음에 같이 안 갈래?" → "엄마의 맛이 느껴지는 정식집이 있는데 다음에 같이 안 갈래?"

이런 식으로 비슷한 것을 떠올려서 말하면 됩니다. 이렇게 하면 상대방은 머릿속에서 그 그림을 떠올릴 것입니다.

이 비유 화법은 말을 잘하는 사람일수록 더 철저하게 연구하는 주제입니다. '이 사람 말 잘하네'라고 느껴지는 사람이 있다면, 대화에서 이 화법을 몇 번이나 사용하는지 의식하면서 들어보면 도움이 될 것입니다.

관심 끌기

삼류는 아무런 생각도 하지 않고 말하고
이류는 재미있는 토크로 관심을 끌려고 하는데,
일류는 어떻게 관심을 집중시킬까?

술자리, 차 모임, 친구들과의 시시한 대화, 회사 휴게실 등 여러 명이 하는 잡담 시간이 의외로 많습니다.

사람이 많으면 여러 이야기가 난무하기 때문에 이야기에 임팩트를 주기가 굉장히 어렵습니다. 매번 사람들의 관심을 끌 수 있는 재미있는 토크가 가능하다면 상관없지만, 쉽지 않은 일입니다.

이럴 때 효과적인 방법이 바로 의성어와 의태어를 사용하는 것입니다.

의성어란 사람이나 동물 또는 자연계나 사물의 소리를 흉내 낸 말로 '응애응애', '껄껄', '야옹야옹', '멍멍', '쾅', '풍덩', '쨍그랑' 등이 있습니다.

의태어란 모양이나 상태를 나타내는 말로 '반짝반짝', '매끈매끈', '술술', '북적북적' 등이 있습니다.
　이런 의성어와 의태어를 대화에 넣으면 이야기에 임팩트가 생깁니다.

　예를 들면 "저번에 ○○라는 영화를 봤는데 진짜 가슴에 와 닿더라"보다는 "저번에 ○○라는 영화를 봤는데 가슴에 찡 와 닿더라"라고 말하는 편이 그 느낌이 더 잘 전달됩니다.
　또 "얼마 전에 삿포로에 갔는데 너무 추워서 몸이 얼어붙었어"보다는 "얼마 전에 삿포로에 갔는데 너무 추워서 몸이 꽁꽁 얼어붙었어"라고 말하면 그 모습이 더 생생하게 전해집니다.
　이 외에도 '소리가 계속 땡땡 울렸다', '쭉 늘어났다', '바닷물이 싹 빠졌다'처럼 말하면 이미지가 쉽게 떠오를 것입니다.

　의성어·의태어 전문가라고 하면 역시 예능인 미야가와 다이스케입니다.
　"가족을 다 끌고 확 들어와서", "실눈으로 딱 보고", "후

다닥 말해 버리고" 하고 하나의 이야기에 대여섯 개의 의성어 또는 의태어가 들어갑니다.

스티브 잡스도 프레젠테이션을 할 때 '붐Boom!'과 같은 의성어와 의태어를 효과적으로 활용하는 것으로 유명합니다.

우리 커뮤니케이션 스쿨에서는 매월 약 170회의 커뮤니케이션 세미나를 개최합니다. 이 세미나 제목에도 '쑥쑥 오른다', '쭉쭉 좋아진다', '답답함이 말끔히 싹~'처럼 의성어, 의태어를 효과적으로 사용하고 있습니다.

자유로운 발상을 통해 의성어·의태어 어휘를 늘려보면 어떨까요? 분명 한층 더 이야기에 임팩트가 생길 것입니다.

웃음

삼류는 웃음을 유발하지 못하고
이류는 재미있는 이야기를 생각하는데,
일류는 어떤 이야기로 웃음을 유발할까?

대화를 할 때 웃음은 그 자리의 분위기를 고조시키는 윤활유가 됩니다.

아무도 말을 하지 않는 어두운 분위기 속에 공간을 감싸는 무거운 공기. 더는 있기 힘든 기분이 들겠죠. 역시 웃는 얼굴, 웃음이 있는 편이 훨씬 즐겁습니다.

우리는 개그맨이 아니기 때문에 매번 재미있는 이야기로 폭소를 유발할 필요는 없습니다. 다만 풋 하고 웃음이 나는, 그래서 그 자리를 밝게 만드는 재미있는 토크가 가능하다면 훨씬 편할 것입니다.

그렇다면 평상시 대화에 재미를 더하려면 어떻게 해야 할까요?

이때는 '**결론 바로 앞에 갭이 있는 말을 넣는 방법**'을 사용하면 됩니다.

예를 들면 "우리 부장님, 엄청 무섭잖아"라고 한다면 평범한 대화입니다.

그런데 "우리 부장님, 부인 앞에서는 귀여운 척을 하는데 평소에는 엄청 무섭잖아"라고 표현하면 어떨까요?

'우리 부장님은 무섭다'라는 결론 바로 앞에 '부인 앞에서는 귀여운 척을 한다'는 다소 갭이 있는 말을 넣는다면 재미있는 뉘앙스가 느껴집니다.

"편의점 점원이 무뚝뚝해서……"라고 하면 평범하지만, "항상 생글생글 웃는 편의점 점원 말이야, 이상하게도 내가 갈 때만 무뚝뚝해서……"라고 하면 달라집니다.

또 "어른이 되고 나서 꽤 살이 빠졌어요"를 "어렸을 때는 얼굴이 완전 동그래서 호빵맨이라고 불렸는데 어른이 되고 나서 꽤 살이 빠졌어요"라고 하는 것이죠. 이것은 제 이야기이기도 합니다.

평범한 소재를 평범하게 이야기한다면 그걸로 끝이지만, 결론 바로 앞에 갭이 있는 내용을 넣는다면 평범한 이야기가 특별해집니다.

일류 커뮤니케이터는 확실히 사람들을 웃게 만드는 데 프로입니다.

저의 취미는 다양한 사람들의 강연을 들으러 가는 것인데, 그 강연에서 몇 번이나 웃음이 터졌는지를 기록하는 버릇이 있습니다.

이전에 통신판매회사 자파넷 다카타의 다카타 아키라 전 사장의 강연을 들은 적이 있습니다. 그런데 60분 동안 무려 22번이나 웃음이 터졌습니다. 강연 시작 전에 "여러분, 오늘은 재미있다고 생각되면 꼭 웃어주세요"라는 말까지 할 정도였으니까 웃음을 통해 분위기 좋은 공간을 만들겠다는 생각이 굉장히 강했을 것입니다.

반복이 되겠지만, **폭소를 터뜨릴 만한 이야기가 아니라 조금만 구성을 바꿔서 주위 사람들을 즐겁게 만드는 것**, 이것이 포인트입니다.

사람을 웃게 만드는 것은 최강의 커뮤니케이션 기술입

니다. 웃을 때는 마음이 해방되어 자유로워집니다. 상대방의 마음을 열 수 있다면 관계도 더욱 깊어질 수 있겠죠? 이야기에 자그마한 유머를 섞어, 대화를 할 때 즐거운 분위기를 만들어보기 바랍니다.

복수의 사람에게 말할 때

삼류는 덤덤하게 말하고
이류는 장면을 문자로 설명하는데,
일류는 어떻게 설명할까?

    대화는 일대일로만 하는 것이 아닙니다. 복수의 사람이 모여 이야기하는 경우도 많습니다.
    여러 사람이 있으면 한 번에 이야기를 전달하기가 어렵기 때문에 꽤 난이도가 높습니다. 그래서 여러 사람에게 이야기를 전달할 때는 대형 스크린에 이야기를 비추듯 설명하는 '묘사력'이 중요해집니다. 스크린에 비춰진다면 모두가 그 영상을 즐길 수 있습니다.

    묘사의 프로라고 하면 라쿠고가(落語家 : 만담가)를 들 수 있습니다.
    라쿠고落語는 화술로 사람들을 즐겁게 만드는 예능으로, 에도 시대부터 지금까지 많은 사람들을 매료시켜 왔습니

CHAPTER 4
대화의 분위기를 띄우는 법

다. 라쿠고가가 **이야기하는 장면이 눈앞에서 실제로 일어나는 것처럼 전개되기 때문에 이해하기 쉽고 재미있습니다.**

라쿠고가는 언제나 혼자서 말하지만 "어, 아버지", "뭐야, 헤이하치" 같은 형태로 반드시 여러 사람이 등장합니다. 그리고 어떤 장소에서 말하고 있는지, 걷고 있는지, 달리고 있는지, 먹고 있는지 눈에 보이듯 묘사합니다.

만일 듣는 이가 여러 명이라 하더라도 같은 영상을 동시에 보여줄 수 있다면 전원에게 같은 이야기를 전달할 수 있습니다.

그렇다면 이것을 평소 대화에 적용해 보면 어떨까요?
예를 들어 "얼마 전에 학교에서 담임선생님에게 공부를 더 열심히 하라는 말을 들었어"라고 이야기한다면 1인칭이 됩니다.

이를 다음과 같이 바꿔봅니다.

"얼마 전에 학교에서 말이야. 담임선생님이 '공부를 더 열심히 해야지'라고 하시더라고."

이 '공부를 더 열심히 해야지'라는 부분을 지금 선생님이 말하고 있는 것처럼 묘사하면 그와 동시에 자신과 선생님이 대화하는 영상이 흐릅니다.

"얼마 전에 초밥집에서 요리사에게 추천 메뉴를 물었더니 광어라고 하더라고. 그래서 광어를 달라고 했는데, 안에서 요리장이 나오더니 광어에는 매실을 올리면 더 맛있다고 해서 그렇게 먹어봤더니 정말 맛있었어."

이렇게 말한다면 1인칭이 됩니다.

이를 다음과 같이 바꿔봅니다.

"얼마 전에 초밥집에서 추천 메뉴를 물어봤거든. 그랬더니 요리사가 '광어요'(요리사가 말하듯이) 하고 말하길래 광어를 달라고 했어. 그런데 안에서 요리장이 나와서 '광어에는 매실을 올리면 더 맛있습니다'(요리장이 말하듯이)라고 하는 거야. 그래서 먹어봤더니 정말 맛있었어."

말하는 사람은 나 혼자이지만 대화 안에는 나, 요리사, 요리장이라는 세 사람이 등장합니다.

청중을 향해 말할 때는 혼자서 몇 가지 역할을 맡아 영상으로 보여주듯 말하면 이해하기가 무척 쉬워집니다. 이런 묘사력을 기른다면 여러 사람에게도 한 번에 이야기를 전달할 수 있습니다.

대화에 나오는 등장인물을 묘사하여 듣는 사람의 머릿속에 대화를 영상처럼 비춰보도록 합시다.

자신의 이야기를 할 때

삼류는 일방적으로 이야기를 계속하고
이류는 이야기를 재미있게 하려고 하는데,
일류는 무엇을 할까?

상대방의 이야기를 듣기만 하는 것이 아니라 자신의 이야기를 하고 싶을 때도 있습니다. 하지만 하고 싶은 말을 일방적으로 계속 떠들기만 한다면 상대방이 지루해하겠죠.

말을 재미있게 하려고 가장 자신 있는 이야기를 해도 분위기가 좋지 않을 수 있습니다. 자신의 이야기를 할 때도 상대방이 지루해하지 않고 자연스럽게 즐기도록 만들 수 있다면 정말 좋지 않을까요?

일류는 자신의 이야기를 할 때도 '마치 상대방과 대화를 나누는 것 같은' 질문 테크닉을 사용합니다.

예를 들면 다음과 같은 식입니다.

"어제 중국집에서 샤오룽바오를 시켰더니 나오는 데 30

분도 더 걸렸어요. 어떻게 생각하세요? 중국 요리는 속도가 생명 아닌가요? 30분은 너무 늦지 않나요? 그런데 나온 샤오롱바오가 놀랄 정도로 맛있는 거예요! 소스라칠 정도로 맛있는 샤오롱바오를 먹어본 적 있으세요? 없죠? 저도 처음이에요. 안의 육즙이 엄청 풍부하고 살짝 달콤하기까지 해서, 그 샤오롱바오라면 몇 개라도 먹을 수 있을 거 같았어요."

상대방에게 직접 대답을 요구하는 질문은 아니지만 '어떻게 생각하세요?', '○○ 아닌가요?', '그렇지 않나요?', '~한 적 있으세요?'를 사용하여 **상대방에게 말을 던지는 것처럼 표현합니다.**

일방적으로 자신의 이야기만 하는 것이 아니라 추임새를 넣는 느낌으로 이따금 상대방에게 초점을 맞추는 행동을 하는 것이죠. 이렇게 하면 상대방이 지루해하지 않고 마치 둘이서 대화를 하는 것처럼 말할 수 있습니다.

이것은 명연설가가 자주 사용하는 '일인 질문'이라는 테크닉입니다.

명연설가는 대체로 혼자서 200명, 300명의 청중을 향해 말을 합니다. 이때 일방적으로 이야기를 해버리면 청중은 금방 지겨워하겠죠.

그래서 중간중간에 '여러분은 어떻게 생각하세요?', '이런 것이 실현 가능하다면 어떨까요?', '여러분에게도 그런 경험이 있나요?', '한번 해보고 싶다는 생각이 들지 않나요?'와 같은 일인 질문을 끼워 넣습니다.

이 질문에 진짜 대답해 주기를 바라는 것이 아닙니다. 상대방에게 볼을 던져 한 명의 연설가와 200명, 300명의 청중이 커뮤니케이션을 하고 있는 것같이 연출하는 것입니다. 그러면 그 공간의 분위기도 좋아집니다.

얼마 전에 자파넷 다카타의 다카타 아키라 전 사장의 기조강연을 들었는데, 60분 강연에서 무려 일인 질문이 18회나 나왔습니다. 약 3분에 한 번은 일인 질문이 등장한 것입니다.

강연장은 흡사 파도타기 응원이라도 하는 듯한 열기에 휩싸였습니다.

'일인 질문'을 중간중간에 넣어 마치 상대방과 대화를 하는 것처럼 이야기를 진행하면 상대방도 지루해하지 않고 이야기를 잘 들어

줄 것입니다.

　대화는 서로 같이 만들어나가는 것입니다. 그렇기 때문에 일인 질문을 사용하여 항상 서로 주고받는다는 감각을 지니는 것이 중요합니다.

긴 잡담

삼류는 특별한 테마가 없고
이류는 상대방이 말하고 싶은 것을 테마로 삼는데,
일류는 무엇을 테마로 말할까?

잡담이라고 하면 짧으면 2분, 길어도 5분 정도인 경우가 많지만 긴 잡담이 필요한 때도 있습니다. 예를 들어 회사 회식, 동네 사람들과의 모임, 스터디 후 뒤풀이, 미팅 등은 2시간 정도 잡담이 이어지기도 합니다.

그럴 때 분위기를 화기애애하게 만들려면 어떻게 해야 할까요?

일단 다음의 두 가지 원칙을 기억해야 합니다.

① 인간은 자신이 말하고 싶은 것을 말하고 싶어 한다
② 인간은 자신이 듣고 싶은 것을 듣고 싶어 한다

인간은 항상 자신이 중심이 됩니다.

이를 잡담으로 치환해 보면,
① 상대방이 말하고 싶은 것
② 상대방이 듣고 싶은 것
을 화제로 삼으면 긴 시간이라도 잡담의 분위기가 좋아집니다.

①만으로는 짧은 시간이라면 괜찮겠지만 역시 1시간, 2시간이 넘어가면 화제도 떨어지게 됩니다.

그래서 여기에 ②도 섞어서 상대방이 듣고 싶은 것을 말한다면 한층 더 잡담이 오래 지속될 수 있습니다.

영업을 하던 시절에 거래처의 전무와 이야기를 하다가 생긴 일입니다.

전무실 책장에서 예전에 읽은 책을 발견하여 "전무님도 이 책 읽으셨네요" 하고 말했습니다. 그러자 그 전무는 마침 그 책에 엄청 빠져 있었는지 마치 봇물 터지듯이 이야기를 쏟아내기 시작했습니다.

그 이야기가 일단락되자 주제가 바뀌어 이번에는 복부비만에 대해서 이야기했습니다.

전무가 "뱃살이 지금 당장 사라지면 좋을 텐데" 하고 투덜거리길래 제가 '뱃살이 사라지는 필살기'를 알려주었습니다.

상대방이 말하고 싶은 것, 듣고 싶은 것을 테마로 하는 것이 영업의 핵심입니다. 그 전무에게는 10군데 정도의 회사를 소개받기도 했습니다.

우리 회사는 전국에서 연수를 실시하지만 직접 영업을 한 적은 없습니다. 대부분 소개를 받습니다. 잡담에 그 정도의 힘이 있다는 것이겠죠.

고객이 ① 말하고 싶은 것, ② 듣고 싶은 것은 무엇일까요?

상사라면? 동료라면? 친구라면? 남자친구·여자친구라면?

의외로 잘 모르는 경우가 많습니다.

잘 모르겠다면 **정보를 수집하여 다음번에 만났을 때 조금이라도 말할 수 있도록 준비해 두면 좋을 것 같습니다.** 열 가지, 스무 가지를 조사할 필요는 없고 한두 가지 정도면 충분합니다. 일이 분 정도를 투자하여 알아둔다면 그것만으로도 잡담의 분위기가 좋아져 여러분의 호감도도 급상승할 것입니다.

흥미가 없는 이야기를 끝도 없이 늘어놓는다면 상대방에

게는 쇠귀에 경 읽기가 될 것입니다. 하지만 스스로 흥미가 있는 이야기라면 몇 시간이라도 계속 이야기할 수 있고, 몇 시간이라도 계속 들을 수 있습니다.

분위기 읽기

삼류는 분위기를 읽지 못하고
이류는 주위 분위기에 맞추는데,
일류는 어떻게 할까?

예전에 'KY'라고 하는, 공기(분위기)를 읽지 못한다空気読めない는 말이 유행했습니다(空気와 読めない의 일본어 발음 첫 알파벳을 따서 'KY'라고 한다).

'KY'라는 말까지는 사용하지 않더라도 지금도 분위기 파악을 하라든지, 분위기를 알 것 같다든지, 분위기에 관련된 이야기가 화제에 오르는 경우가 많습니다.

그렇다면 분위기를 읽는다는 것은 도대체 무엇일까요? 저는 분위기를 읽는 것을 '마음의 이모티콘을 읽는 것'이라고 정의합니다.

마음의 이모티콘이란 '즐거움=☺, 보통=😐, 슬픔=☹'이라는 마음의 상태를 알 수 있는 것입니다.

지금 상대방과 함께 있는 공간이 즐거움, 보통, 슬픔 중 어떤 상태에 있는지, 이 세 가지 정도로 파악할 수 있지 않을까요?

예를 들어 장례식이라면 ☹의 상태입니다.
분위기가 달아오른 술자리는 ☺의 상태입니다.
분위기가 달아오른 술자리에 혼자 😐의 상태인 사람이 참가한다면 분위기를 읽지 못하는 녀석이라는 소리를 듣겠죠.

대화를 할 때 상대방의 분위기가 😐라면 그 이야기에 관심이 없을지도 모릅니다.
😐의 상태가 계속 이어질 때에는 "그런데 ○○ 씨는……" 하면서 주제를 바꾸면 좋겠죠.
만약 ☹의 분위기라면 일방적으로 말하고 있거나 자랑만 하고 있는지도 모릅니다. 그럴 때는 "일방적으로 말해서 미안. ○○ 씨가 진지하게 이야기를 들어줘서 나도 모르게 내 말만 했네"라고 말하면서 다른 화제를 상대방에게 던지면 됩니다.

만약 술자리에 늦게 도착했는데 모두가 ☹의 상태라면 어떻게 해야 할까요? 분위기가 가라앉은 상태입니다. 이럴 때도 ☺의 상태로 술자리에 참가해서 주위 사람들도 ☺의 상태로 만들 수 있다면 자신의 희소가치가 올라가게 마련입니다.

그 공간의 분위기를 ☺의 상태로 만들기 위한 단순한 방법이 있습니다. 그것은 '내가 웃는 것'입니다. **감정은 전염됩니다.**

매출이 크게 오르지 않는 회사에 가면 직장의 분위기가 착 가라앉은 경우가 있습니다. 반대로 문전성시를 이루는 음식점은 들어가는 순간부터 활기가 넘치고 직원도 모두 웃는 얼굴이기 때문에 나도 모르게 기분이 좋아집니다.

술자리 분위기가 어둡다면 내가 솔선해서 웃으면 됩니다. 특별히 웃기는 이야기를 할 필요는 없습니다. 웃는 얼굴로 이야기를 듣거나 질문을 하고, 웃으며 음식을 덜어주고, 큰 소리로 웃고……. 그 감정은 확실히 옆으로 퍼져나갑니다.

1925년에 발행되어 지금도 큰 사랑을 받고 있는 《알랭

행복론》의 저자인 알랭의 말입니다.

"행복해서 웃는 것이 아니라 웃어서 행복한 것이다."

이것은 진실입니다.

분위기가 어둡다면 밝게 만들고, 누군가가 슬퍼한다면 같이 슬퍼합니다. 일류는 이렇게 분위기를 읽고 행동을 합니다.

술자리

삼류는 항상 수동적이고
이류는 필사적으로 분위기를 띄우려고 하는데,
일류는 어떻게 할까?

술자리에서 여러분은 어떤 위치에 있나요?

회사의 회식, 친구들과의 술자리, 타업종 교류회, 결혼식 피로연 등등. 이 세상에는 다양한 술자리가 있지만, 항상 듣는 역할을 하는 사람은 어떤 자리에서도 듣는 역할을 하고 항상 눈에 띄는 사람은 역시 어디에서도 눈에 띄는 경우가 많습니다.

하지만 일류는 그 자리의 분위기에 따라 달라집니다.

예를 들어 이야기가 달아오르면 열심히 이야기를 듣습니다. 반대로 분위기가 가라앉으면 적극적으로 이야기를 이끌어가는 역할을 맡습니다. 이야기가 달아오르다가 순간 이야기가 중단되고 침묵의 시간이 찾아오면 직접 이야기를 시작합니다. **그 자리의 상황에 맞춰서 자유자재로 자신의 역할을 변화시킵니다.**

그렇다면 이렇게 그 자리의 분위기를 읽고 적절한 역할을 해내려면 어떻게 해야 될까요?

간단한 방법이 있습니다. 술자리에서 맡게 되는 역할은 대부분의 경우 다음의 세 가지입니다.

① 전체를 컨트롤하는 사람
② 말하는 사람
③ 듣는 사람

① '전체를 컨트롤하는 사람'은 전체를 시야에 두고 말을 걸거나 질문을 하면서, 식사와 음료에 신경을 쓰고 그 자리가 쾌적하게 유지되도록 조절하는 사람입니다. 방송 프로그램으로 말하자면 진행자 역할입니다.

② '말하는 사람'은 그 자리를 주도하는 사람입니다. 직접 화제를 만들어 이야기 소재를 제공하고 이야기를 전개하는 사람입니다.

③ '듣는 사람'은 반응에 따라 적절하게 리액션을 바꾸면

서 이야기를 듣는 사람입니다.

 술자리에 왔다면 오늘 그 자리에서 '누가 ① 전체를 컨트롤하는 사람, ② 말하는 사람, ③ 듣는 사람인지' 확인합니다. 그리고 비어 있는 역할을 자신이 담당합니다. 그러면 전체의 역할이 잘 기능하면서 '오늘은 왠지 재미있었어'라고 모두가 즐거워할 것입니다.

 자주 술자리에서 "오늘 ○○ 씨는 안 와?"라는 말을 듣는 사람이 있지 않나요? 그런 사람이 그 자리에 있다면 안심이 되고, 없다면 불안해집니다.
 분명 그 사람은 단순하게 재미있기만 한 것이 아니라, 그 자리의 분위기에 따라 역할을 바꾸어 가장 적절한 공간을 만드는 사람일 것입니다.
 지인 가운데 연매출이 수백억 엔이나 되는 엄청난 경영자가 있습니다. 그 사람은 평소에는 중후한 눈빛으로 무거운 말을 합니다. 하지만 그 자리의 분위기가 가라앉으면 흔히 말하는 '아재 개그'나 '야한 농담'으로 그 자리를 달굽니다. 마치 다른 사람이 된 것 같습니다.

일류는 술자리에서도 '내가 어떤 모습으로 보이고 싶은지'보다는 '이 자리를 어떻게 하면 가장 즐겁게 만들 수 있을지'에 초점을 맞추고 그 자리에 도움이 되려고 합니다.

상대방의 마음에 드는 법

자세

삼류는 어깨가 상대방에게 향하고
이류는 시선이 상대방에게 향하는데,
일류는 무엇이 상대방에게 향할까?

대화를 할 때 상대방에게 어디를 보이면 좋을까요?

만약 다른 쪽을 보면서 말한다면 상대방이 말을 하기 어려울 것입니다. 그렇다면 시선은 상대방에게 두고 몸은 옆을 향한다면 어떨까요? 얼굴은 상대방을 보고 있지만 몸은 컴퓨터를 향한다면요? 이 역시 상대방은 말하기 힘들 것입니다. 자신을 소홀히 대한다는 느낌을 받겠죠.

대화는 이야기의 내용보다 그 자리의 분위기가 중요합니다. 그러니까 안심하고 말할 수 있는 분위기를 만들어야 합니다.

그렇다면 일류는 상대방에게 어디를 보이며 말을 할까요? 그것은 바로 '배'입니다.

예전부터 '배를 불리다', '배를 내밀다', '배에 기름이 끼다' 등등 배와 관련된 말이 굉장히 많았습니다. 그만큼 배는 인간에게 아주 중요한 부분입니다.

배에는 장이 있습니다. 장은 영양소를 흡수하고 필요 없는 것을 배출하는 역할을 합니다. 이 기관이 멈춘다면 인간은 죽습니다.

단전도 있습니다. 단전이란 인간의 기운이 가장 많이 모이는 곳입니다.

여성에게는 자궁도 있습니다.

이처럼 배에는 중요한 부분이 굉장히 많습니다.

이렇게 아주 중요한 부분을 상대방에게 향하도록 하고 말한다면 상대방은 분명 안심하겠죠. '적의는 없어요'라는 신호가 되기 때문입니다.

아기가 배를 내보이며 아무렇게나 드러누운 광경을 자주 볼 수 있습니다. 완전히 무저항 상태입니다. 무방비 상태인 거죠.

이것이 안전하고 안심할 수 있는 공간을 만듭니다.

인간의 욕구에 관해서는 에이브러햄 매슬로의 '욕구 5단계 이론'이 유명합니다.

인간에게 가장 중요한 욕구는 식욕, 성욕, 수면욕 등의 생리적 욕구입니다.

그리고 두 번째로 중요한 욕구가 안심하고 살고 싶고 위험한 상황에 처하고 싶지 않으며 불안을 피하고 싶은 안전 욕구라고 합니다.

그리고 매슬로에 따르면 **이 안전 욕구는 생리적 욕구만큼 강하다**고 합니다.

대화를 할 때는 먼저 자신의 배가 상대방을 향하게 할 것. 상대방이 정면에 있다면 자연스럽게 상대방에게 배를 보이게 되겠지만, 만일 엘리베이터 안에 나란히 서 있다면 시선은 정면(문)을 향하더라도 배를 살짝 상대방 쪽으로 향하게 해줍니다. 그러면 인상이 확 달라질 것입니다.

4인용 테이블에서 대화를 한다면 자신의 앞쪽, 자신의 대각선 앞쪽, 자신의 옆쪽에 사람이 위치하게 됩니다.

이때도 자신의 앞에 앉은 사람이 말할 때는 배를 앞의 사람에게 향하게 하고, 대각선 앞에 앉은 사람이 말할 때는 엉덩이를 조금 움직여 배를 그 사람에게 향하게 하고, 옆에 앉은 사람이 말할 때는 엉덩이를 조금 더 옆으로 돌려 배를 그 사람에게 향하게 합니다.

시선도 물론 중요하지만 가장 중요한 것은 배입니다.

상대방에게 자신의 중요한 부위를 내보여 상대방에게 안심할 수 있는 공간을 제공하는 것에서부터 대화를 시작해 보기 바랍니다.

보디랭귀지

삼류는 아무런 움직임 없이 말하고 이류는 과장스럽게 움직이는데, 일류는 어떻게 할까?

일상적인 커뮤니케이션에서는 말뿐만 아니라 보디랭귀지로 표현하는 경우도 많습니다.

예를 들어 "저거 좀 줘"라고 말할 때는 손가락으로 저쪽을 가리킵니다. 헤어질 때 손을 흔드는 것도, 이야기를 들을 때 고개를 끄덕이는 것도 마찬가지입니다. 이처럼 우리는 무의식적으로 수많은 보디랭귀지를 사용하여 전하고 싶은 것을 표현합니다.

대화를 할 때도 그렇습니다. 자신이 말하고 있을 때 상대방이 전혀 움직이지 않는다면 말을 하기 어렵습니다. 그렇기 때문에 보통은 무의식중에 보디랭귀지를 사용하여 대화를 합니다.

그런데 그렇다고 해서 대화를 할 때 보디랭귀지를 과도하게 사용한다면 분위기가 어색해질지도 모릅니다. 오버한다는 말을 들을지도 모르죠.

"어제 발밑이 좀 이상해서 양말을 자세히 봤더니 양쪽의 색깔이 다른 거 있지!"라는 말을 듣고 "햐! 완전 웃긴다! 와! 기적이다!"라고 과장스러운 반응을 보인다면 분위기가 이상해질지도 모릅니다.

일류는 가장 적절한 보디랭귀지를 잘 사용합니다.
가장 적절한 보디랭귀지란 상대방이 말을 하기 편한 보디랭귀지입니다. 중요한 것은 손입니다.
예를 들어 상대방의 이야기를 들을 때 팔짱을 끼는 사람. 이것은 상대방을 차단한다는 의미를 가진 경우가 많습니다. 팔꿈치를 괸다면 이것은 지루하다는 증거입니다. 트럼프 전 미국 대통령이 자주 하는 손동작인 손가락을 아래로 내리는 포즈는 자신이 우위에 있다는 것을 어필할 때 사용합니다.
반대로 악수는 어떨까요? 악수의 유래에는 여러 설이 있지만, 손에 무기가 없다는 것을 증명하기 위해 시작되었다고 합니다. 친화의 증거입니다.

손에는 인간의 심리가 드러납니다. 대화를 할 때에도 '안심하고 이야기해도 괜찮아요', '나는 당신에게 위해를 가할 생각이 없어요'라는 것을 표현하기 위해서 손을 이용합니다. 그렇게 하면 상대방이 이야기하기 편한 공간을 만들 수 있습니다.

구체적으로는 손을 펴서 보여주는 것입니다. **손바닥을 보여주면 악수와 마찬가지로 '무기는 없어요'라고 상대방이 안전하다는 사실을 알려줄 수 있습니다.**

명연설가는 자주 청중을 향해 손을 펴 보이며 이야기합니다. 이것도 마음을 열고 이야기하고 있다는 사인입니다.

디테일의 중요성을 강조하는 격언으로 '신은 디테일에 있다'고 하죠?

언제 한번 '왠지 모르게 이야기하기 편하다'고 느끼는 상대의 손의 움직임을 잘 살펴보기 바랍니다. 대화의 일류는 그런 세세한 보디랭귀지에도 신경을 쓰며 쾌적한 공간을 만듭니다.

Road to High Class

일류는
손의 움직임으로
상대방의 마음을 연다

☑ 손을 사용하여, 안심할 수 있고 안전한 공간을 만든다

자기 개시

삼류는 자신을 전혀 드러내지 않고
이류는 100퍼센트 드러내는데,
일류는 어떻게 자신을 드러낼까?

'자기 개시의 법칙'이라는 말을 들어본 적 있나요?
 자신의 좋은 점도 나쁜 점도 있는 그대로 드러내 보이면 상대방이 경계를 풀고 자신을 신뢰하게 된다는 것입니다.
 항상 '나는 정말 대단해!'라고 자랑하는 사람보다는 '나는 이런 단점이 있어서……'라고 부정적인 면도 솔직하게 드러내 보이는 사람과 있을 때 더 안심하게 됩니다.
 그리고 자기 개시에는 보답성도 있습니다.

 만약 "나, 학생 때는 낙제점만 받았는데, 머리가 정말 나빴나 봐"라고 먼저 말한다면 상대방도 "나도 공부를 완전 못해서……"라고 말하기가 쉬워집니다.

"최근에 헬스장에 다니기 시작했는데, 첫날에 허리를 삐끗해서 바로 중단했어요"라고 자기 개시를 하면 "그랬어요? 이전에 저도 허리를 삐끗해서……"라는 식으로 상대방도 자기 개시를 하는 경우가 많습니다.

그렇기 때문에 자기 개시의 프로는 상대방을 자기 개시하게 만드는 프로이기도 합니다.

대화로 치환해서 살펴봅시다.

전혀 자기 개시를 하지 않는 사람과는 대화를 나누기가 힘듭니다. 반대로 언제나 자기 개시를 100퍼센트 한다면 자기 이야기만 하는 수다쟁이라고 여겨질 가능성도 있습니다.

대화는 서로 같이 만들어가는 하모니가 중요합니다. 그래서 '서로 자기 개시를 하는 것'이 가장 좋습니다.

구체적으로 말하자면 **이쪽이 하나를 내놓으면 상대방도 하나를 내놓는 것이죠**. 이렇게 조금씩 자기 개시를 해나가는 것입니다. 손에 든 패를 하나씩 보여주는 것 같은 감각으로 즐기면서 해보면 됩니다.

항상 상대방과의 거리를 생각하며 상대방이 자기 개시를 하기 쉬운 상황을 만들어줍니다.

그런데 상대방이 자기 개시를 하기 싫어하는 경우도 있습니다. 반대로 하고 싶어 하는 경우도 있겠죠. 무엇이 정답일까요?

그것은 대화를 하면서 알아챌 수밖에 없습니다.

일류는 틀림없이 감수성이 풍부할 것입니다. 상대방과의 거리감을 파악하는 데에 아주 능숙하죠. 서로 자기 개시를 해나가고 있다면 거리가 좁아지고 있다는 증거입니다.

감수성을 갈고닦고 싶다면 먼저 자기 개시를 하고 상대방의 모습을 관찰해 보기 바랍니다.

Road to High Class

일류는
조금씩 자기 개시를 한다

☑ 자기 개시와 타자 개시가 상호적으로 이루어질 수 있는 분위기를 만든다

연장자를 대하는 법

삼류는 호감을 얻으려고 하지 않고
이류는 일을 잘한다는 점을 어필하는데,
일류는 어떻게 할까?

여러분 주위에는 왠지 모르게 여러 사람이 좋아하는 사람, 조금 잘못된 일을 해도 용서받는 사람처럼 언제 어디서나 사랑받는 캐릭터가 있나요?

저는 지금까지 수없이 많은 젊은 경영자와 만나왔습니다. 그런데 성공한 다음 오랫동안 그 성공을 유지하는 사람은 누구나 연장자들에게 사랑을 받고 있었습니다. 그리고 남의 조력을 받는 것에도 능숙합니다.

항상 혼자서 고군분투하는 사람에게는 한계가 찾아오기 마련입니다. 혼자서 실현할 수 있는 것에는 한계가 있기 때문입니다. 하지만 '왠지 도와주고 싶다', '지원해 주고 싶다'라는 생각이 들게 만드는 사람은 연장자들에게 애정과 지원을 받아 타자의 조력으로 오랫동안 성공을 유지하게 됩니다.

그렇다면 연장자에게 사랑받는 사람이란 어떤 유형의 사람일까요?

A: 항상 일을 완벽하게 척척 해내서 빈틈이 없는 사람
B: 일을 열심히 하지만 때로는 빈틈이 있는 사람

연장자가 좋아하는 쪽은 분명 B의 유형입니다.
일을 열심히 하는 것은 당연한 것이고, 가끔은 빈틈을 보여 파고들 부분이 조금은 있게 하는 사람이 사랑받습니다. 그러니까 일부러 빈틈을 보여주는 것입니다.

개를 예로 한번 들어봅시다.
달려와서 물 것 같은 도베르만보다는 배를 보여주며 뒹굴뒹굴하다가 잠드는 치와와가 훨씬 귀엽지 않나요? 이건 누가 봐도 빈틈투성이라 안심하고 쓰다듬을 수 있습니다.
예능의 세계에서도 데가와 데쓰로와 우에시마 류헤이는 꾸준히 TV에서 활약하고 있습니다. 개그 경연 대회 같은 곳에서 우승한 적이 없는데도 계속해서 방송에 나옵니다.
진행자의 입장에서 보면 데가와나 우에시마가 있으면 자신이 삐끗하거나 분위기가 잠시 이상해져도 모두 받아주기

때문에 안심할 수 있습니다.
커뮤니케이션에서도 '안심'은 기본 중의 기본입니다.

평소에 일을 열심히 하는 젊은 경영자가 갑자기 나이가 있는 경영자에게 "○○ 님, 상담하고 싶은 일이 있는데, 저는 친구가 너무 없어요"와 같은 부정적인 측면을 드러냅니다. 그러면 그 연장자 쪽에서 "그렇구나. 그러면 ○○ 씨를 소개해 줄게"와 같은 이야기가 나오게 됩니다.

반대로, 발이 넓다는 식의 허세를 부리면 결코 아무도 소개해 주지 않겠죠.

일류는 그 사실을 잘 알고 있습니다.

그렇기에 일부러 자신에게 마이너스가 되는 부분을 드러내고, 약점을 보여주고, 간섭을 받습니다. 또한 연장자가 아재 개그를 해도 진심으로 받아줍니다. 말이 잘못 나와서 이상해진 분위기까지 끌어안습니다. 그러면 "네가 있으면 안심이 된다"라는 말과 함께 사랑받는 존재가 될 것입니다.

연장자와의 대화

삼류는 위축되어 말을 못하고
이류는 일단 치켜세우는데,
일류는 어떻게 할까?

나이가 10살 혹은 20살 정도 차이가 나는 사람과 이야기할 때 어떤 말을 해야 할지 몰라 곤란한 경우가 있지 않나요? 세대도 다르고 지식과 경험도 다르기 때문에 무슨 말을 어떻게 해야 할지 몰라 분위기가 어색해지는 경우가 많습니다.

그럴 때 겉으로만 대충 치켜세우거나 칭찬한다면 상대방은 '이 사람 대충 아무 말이나 하네' 하고 바로 알아차릴 것입니다.

그렇다면 연장자와는 어떤 이야기를 해야 좋을까요?
이때는 가르침이나 충고를 청하면 됩니다.
인간은 윗사람이 아랫사람을 지도하도록 되어 있고, 또 그것을

좋아합니다.

회사 선배는 후배에게 업무처리 방법을 알려주고, 초등학교 고학년은 저학년을 돌봐 주고, 동생이 생기면 무조건적으로 사랑해 줍니다.

에도 시대에는 전국에 데라코야라고 하는 서민 교육기관이 6만 개나 있었다고 하는데, 거의 봉사하는 형태로 선생님이 학생들에게 읽고 쓰기와 주판을 가르쳤다고 합니다.

특별히 후배에게 업무처리 방법을 가르친다고 해서 월급이 올라가는 것은 아닙니다. 데라코야에서 읽고 쓰기와 주판을 가르친다고 해서 선생님이 돈을 많이 버는 것도 아닙니다.

하지만 돈이 생기지 않아도, 인간이 자손을 남기는 것과 마찬가지로 윗사람이 아랫사람에게 경험을 물려주는 것은 DNA에 새겨져 있습니다.

인간은 계승하기를 좋아합니다. 그러니까 가르치고 싶어 한다는 사실을 이해한다면 윗사람과의 대화에서 무엇이 포인트가 되는지도 보일 것입니다.

예를 들면 상사와의 대화에서는 "○○ 님은 지식이 정말 풍부하시네요"보다는 "○○ 님은 지식이 정말 풍부하시네요. 어떻게 하면 그렇게 머리에 입력이 되죠?" 하고 조언을 구합니다.

경영자와 대화할 때는 "사장님은 항상 의욕이 넘치시네요"보다는 "사장님은 항상 의욕이 넘치시네요. 어떻게 하면 그렇게 되죠? 그 원천은 뭔가요?"라고 가르침을 구합니다.

키워드는 '어떻게 하면'입니다.

회사 선배가 "지난번 연수에서 이렇게 좋은 이야기를 들었어!" 하고 후배에게 공유했을 때, "아, 그 이야기 저도 책에서 봤어요" 같은 말을 한다면 선배는 말을 중간에 그만두겠죠.

상사와 부하의 대화에서도 열심히 메모하면서 필사적으로 조언을 구하는 부하에게 당연히 더 애착이 갈 것입니다.

연장자와 이야기를 나눌 때는 '어떻게 하면 그렇게?', '조금 더 자세하게 들려주세요' 등을 사용하여 연장자의 경험을 듣고 자신의 교양도 넓혀보길 바랍니다.

Road to High Class

일류는 가르침을 청한다

☑ 경험으로 얻은 지식과 지혜를 끌어낼 수 있는 질문을 한다

불편한 상사를 대하는 법

삼류는 가까이 가지 않으려고 하고
이류는 친근하게 업무 이야기를 하는데,
일류는 어떻게 할까?

누구에게나 불편한 사람은 있기 마련입니다. 고압적이어서 말을 걸기 어려운 사람이 있을 수도 있고, 맨날 설교하려는 사람이 있을 수도 있겠네요. 그중에서도 특히 상사가 불편하다는 사람이 많을 것 같습니다.

심리학에는 '단순접촉의 원리'라는 것이 있습니다. **접촉 횟수가 많을수록 호감이 생긴다**는 원리입니다.

분명 처음 만난 사람보다는 몇 번 정도 얼굴을 본 사람이 말하기도 편하고 호감도 생깁니다.

그런데 이 이론으로 보면 매일 얼굴을 마주하는 상사에 대해서 호감이 생기지 않는다는 것은 있을 수 없는 일입니다. 하지만 역시 현실은 다릅니다. 접촉 횟수 증가에 따른 호감보다 싫은 부분이 더 크기 때문이죠.

그렇다면 어떻게 해야 불편하다는 생각을 극복할 수 있을까요?

평소의 대화 내용을 보면 힌트가 보일 것입니다.

상사와는 접속 횟수가 아무리 많다 해도 주로 업무 이야기가 중심이 되었을 것입니다. 이를테면 상사의 가족, 취미, 좋아하는 음식, 최근에 빠져 있는 것……. 대부분 모르지 않나요?

하지만 항상 무뚝뚝한 표정의 고압적인 상사가 집에서는 부모님의 병간호를 하는 데다가 부인은 먼저 세상을 떠나고 아이를 혼자 키우고 있다면? 아침밥을 만들어 아이에게 먹이고 부모님을 돌보면서 매일 회사에서 늦게까지 일하고 주말에는 청소와 세탁에 쉴 틈도 없이 일을 하고 있다면? 상사에 대한 생각이 조금 달라지지 않을까요?

인간은 정보가 적으면 불안해집니다. 반대로 정보를 얻게 되면 안심이 됩니다.

왜 귀신의 집이 무서울까요? 어두컴컴하고 갑자기 뭔가가 튀어나올 것 같기 때문에 무서운 것이죠. 이것이 바로 정보가 적은 상태입니다.

다른 나라 사람과 이야기할 때 그 사람이 어느 나라 사람인지, 무엇을 하는 사람인지 전혀 모르는 상태에서는 안심하고 말하기가 어렵습니다. 반대로 정보가 있다면 이런저런 이야기를 자연스럽게 하게 됩니다.

상사와의 대화로 돌아가 봅시다.

왜 불편한 상사와는 매일 얼굴을 마주하는데도 친해지지 않을까요? 그것은 업무 이외에 그 상사에 대해서 아무것도 모르기 때문입니다.

그럴 때는 회식이 절호의 기회입니다. 술의 힘을 빌려서 "○○ 님은 가족이 어떻게 되세요?" 또는 "최근에 빠져 있는 취미 같은 거 있으세요?"라고 물어보는 것입니다.

그런 걸 묻기는 아직 힘든 상태라면 먼저 자신의 정보를 오픈합니다.

불편한 상사와도 가능하면 좋은 관계를 만들어 스트레스 없이 근무하고 싶다고 생각한다면, 서로 조금씩 마음을 터놓고 정보를 공유하여 안심할 수 있는 관계를 구축하는 것이 가장 좋습니다. 마음을 터놓고 이야기를 나누는 것이 안심할 수 있는 인간관계의 기초가 됩니다. 이렇게 조금씩 서로의 정보를 교환해 보면 어떨까요?

좋은 인상을 남기는 법

인상 남기기

삼류는 과도하게 어필하고
이류는 소극적으로 어필하는데,
일류는 어떻게 할까?

　말을 유창하게 잘하고 학력도 높고 대기업에 근무하면서 자신감도 넘치는 사람. 언뜻 보면 이렇게 완벽하지만 '왠지 다시 만나고 싶지는 않아'라는 생각이 드는 사람과 만난 적이 있지 않나요?
　굉장히 친절하고 착실하고 좋은 사람이지만 왠지 모르게 끌리지 않는 경우도 가끔 있지 않나요?
　과연 이유가 뭘까요? 인간의 뇌를 분석해 보면 답을 알 수 있습니다.

　인간의 뇌는 변화에 반응하게 되어 있습니다.
　영화를 볼 때, 처음부터 끝까지 만사가 순조롭게 진행되는 영웅의 이야기가 보고 싶을까요? 재미가 없겠죠? 처음에는 실패도 하면서 수렁에 빠져 상처투성이가 되지만 마지막으로 갈수록 엄청난 활약을 보이는, 이런 이야기가 훨씬 더 재미있습니다.

영화 스토리는 대부분 '실패에서 성공으로'라는 변화로 구성되어 있습니다.

슈퍼에서 100엔짜리 달걀을 판다고 해봅시다. "100엔입니다!"라고 하면서 판매하는 것보다는 "200엔 하는 달걀이 오늘만 100엔!"이라고 표시하는 편이 훨씬 더 잘 팔립니다. 똑같은 100엔짜리 달걀을 팔지만 200엔짜리를 100엔에 판다고 하면 변화가 있기 때문에 반응이 오는 것입니다.

유명한 장기 기사인 하부 요시하루의 장기 시합은 굉장히 재미있습니다.

하부 요시하루는 전반에는 거의 참패할 것 같은 경우가 많습니다. 하지만 후반에 누구도 생각하지 못한 절묘한 한 수를 두어 대역전극을 펼칩니다. 이것도 실패에서 승리로 가는 변화입니다.

인간은 변화에 반응하게 되어 있으며, 염불처럼 리듬에

변화가 없으면 졸리게 됩니다.

그렇다면 대화에 변화를 적용하면 어떻게 될까요?
굉장히 우수하고 머리도 좋고 말도 잘한다면? 이대로는 변화가 없기 때문에 인상에 깊게 남지 않습니다. 우수하고 머리도 좋아 보이는 사람이 반대로 머리가 나빠 보이는 이야기를 한다면 더 매력적으로 보일 것입니다.

제가 만나본 많은 경영자들도 엄청난 성공을 거둔 사람일수록 예전에는 업무 성과가 별로 좋지 않은 영업사원이었다든지, 결혼에 실패했다든지, 파산했다든지 하는 이야기를 유쾌하고 재밌게 이야기합니다.

반대로 어리바리한 사람이 가끔 학구적이고 똑똑해 보이는 이야기를 한다면 인상이 확 달라 보입니다.

동네 최고의 불량배가 아기 고양이에게 사료를 주는 모습을 본다면 가슴이 뛸지도 모르겠습니다.

상대방에게 인상을 남기기 위해서는 변화, 즉 갭이 필요합니다.

겉보기에 완벽해 보이는 사람이 나사 풀린 듯이 웃거나, 항상 웃고 다니는 사람이 가끔 진지한 눈빛으로 말한다면 사람들이 놀라겠죠?

일류라고 불리는 사람일수록 어떻게 갭을 만들어 상대방을 매료시킬지를 철저하게 연구합니다.

평소에 자신이 어떻게 보이는지, 그리고 거기에 갭을 만들려면 어떻게 해야 하는지를 고민하며 자기 자신을 분석해 보기 바랍니다.

Road to High Class

일류는 갭을 보여준다

☑ 예상을 벗어나는 이야기가 인상에 잘 남는다

CHAPTER 6
좋은 인상을 남기는 법

기억에 남기기

삼류는 특징이 없는 캐릭터가 되고
이류는 만능 캐릭터로 기억에 남는데,
일류는 어떤 캐릭터로 기억에 남을까?

자신은 상대방에게 어떤 캐릭터로 기억에 남아 있다고 생각하세요?

갑자기 '어떤 캐릭터로 기억에 남는가?'라는 질문을 받고 깜짝 놀랄지도 모르겠습니다. 하지만 굉장히 중요한 이야기입니다. 상대방과 헤어진 다음 상대방이 나를 어떻게 기억하는지에 대한 문제이기 때문입니다.

항상 엄청나게 웃는 폭소 캐릭터일까요? 누구보다 반응을 잘해 주는 리액션 캐릭터일까요? 대화를 술술 잘 풀어내는 질문 캐릭터일까요?

가장 기억에 남지 않는 것은 '무난한 캐릭터'입니다.
파를 한번 떠올려 보세요. 만능인 파는 어디든 쓸 수 있습니다. 하지만 구조네기(파의 한 품종. 잎이 길고 부드러워 풍미가 좋다)의 캐릭터에는 이길 수 없습니다. 구조네기는 단맛도 좋고 아삭아삭 씹히는 맛도 있어서 파 자체로도 먹기 좋습니다. 가격도 일반적인 파의 3배 정도 비쌉니다. 하지만 그만큼 가치가 있기 때문에 잘 팔립니다.

이전에 도우미가 있는, 신주쿠의 한 주점에 간 적이 있었습니다. 그곳에서 인기가 가장 좋은 도우미에게 그 비결을 물어봤습니다. 그랬더니 "그건 간단해요! 건배를 하거나 요리가 나오면 '오~', '와~', '우아~'와 같은 말을 하기만 하면 돼요"라는 대답이 돌아왔습니다.

'그거뿐이라고?' 하고 깜짝 놀랐습니다. 하지만 잘 생각해 보면 분명 건배를 하거나 요리가 나오는 순간이 이따금 생깁니다.

그때마다 "오~", "와~", "우아~"라고 반응하면 그 공간이 밝아집니다. 그렇게 되면 주위 사람들은 그 사람이 있어서 그곳이 밝아진다고 착각하게 됩니다.

무언가가 나왔을 때 누구보다도 신나 하고 그 공간을 밝게 만드는 것에 목숨을 겁니다. 이것이 **'오, 와, 우아의 법칙'입니다.**

돌출되어 튀는 부분. 이것을 우리 스쿨에서는 '엣지edge'라고 합니다. **일류는 반드시 엣지가 있습니다.**

이전에 점포를 100곳까지 늘린, 아주 유능한 경영자를 만난 적이 있습니다.

"점포를 100곳까지 늘린 비결이 뭔가요?" 하고 물어봤습니다.

그러자 바로 "큰 목소리로 인사하는 것입니다"라는 대답이 돌아왔습니다.

누구보다도 활기차고 밝게 직접 인사를 하는 것. 그 대상이 부하든 친구든 아이든 어른이든 간에 말이죠.

'인사라고 하면 이 사람'이라는 강렬한 엣지가 있는 사람이었습니다.

끝이 뾰족하면 그것을 비평하는 사람이 나오기 마련이죠. 하지만 성공한 사람은 그런 것에 신경 쓰지 않고 도전을 이어갑니다. **성공하기도 하고 실패하기도 합니다. 그렇게 많은 경험을 쌓으면서 실력을 갈고닦아 성공해 나가는 것입니다.** 이것이 성공한 사람의 패턴입니다.

'무난함'을 선택한다면 리스크는 없을 것입니다. 그렇지만 기억에 남을 일도 없습니다.

엣지가 있어서 강력한 인상을 남긴다면 미움을 받을 수도 있습니다. 그러나 열렬한 팬이 생길 가능성도 있습니다. 뭐든 한 가지라도 좋습니다. 이것만큼은 누구에게도 뒤지지 않는다는 캐릭터를 발굴해 보면 어떨까요?

마지막 한마디

삼류는 "그럼 이만" 하고 한마디를 하고
이류는 "오늘 재미있었어요"라고 감상을 전하는데,
일류는 어떤 말을 할까?

"그럼 이만"이라는 말을 남기고 상대와 헤어지는 장면을 자주 볼 수 있습니다.

그렇지만 이것만으로는 부족합니다. 그 앞에 "오늘 재미있었어요"라고 한마디를 덧붙이는 것도 나쁘지는 않지만, 일류는 마지막 말에 더 신경을 씁니다.

끝이 좋다고 해서 모든 것이 다 좋은 것은 아니지만, 중간에 잠시 실언을 하거나 분위기가 이상해졌다고 해도 헤어질 때의 한마디가 그 모든 것을 뒤집을 수 있기 때문입니다.

여러분은 어떤 말로 마지막을 장식하나요?

먼저 본론으로 들어가기 전에 평소의 대화를 한번 떠올려 보기 바랍니다.

항상 밝은 후배를 칭찬한다면 "○○ 씨는 항상 밝아서 좋아"라고 해야 할까요? 아니면 "○○ 씨는 인사할 때 항상 활기차서 기분이 좋아"라고 해야 할까요?

한 경영자와 식사를 함께 했다면 "오늘 재미있는 이야기 정말 감사합니다"라고 하는 것이 좋을까요? 아니면 "오늘 들려주신 창업할 때 고생한 이야기, 정말 도움이 됐어요. 다음에 또 들려주세요"라고 하는 것이 좋을까요?

전자와 후자의 차이는 '추상과 구체'입니다. 분명 **전자처럼 추상적으로 전달하는 것보다는 후자처럼 구체적으로 전달하는 것이 상대방은 기분이 더 좋을 것입니다.**

구체적으로 말하면 '내 얘기를 제대로 들어주네', '나를 제대로 봐주는구나'라는 마음이 들어 인정욕구가 충족됩니다.

대화를 끝낼 때도 대화에서 나온 구체적인 토픽을 하나 고릅니다.

여행 이야기가 나왔다면 "○○ 씨의 여행 이야기, 굉장히 자극이 되었어요. 다음에 꼭 더 들려주세요"라고 하고, 최근 많이 지쳤다는 이야기가 나왔다면 "○○ 씨, 오늘만이라도 일찍 집에 들어가세요"라고 하는 거죠.

예전에 취업한 지 1년 정도 된 사람과 차를 마시며 이야기를 나눈 적이 있습니다.

우스운 이야기도 하고 업무에 관한 이야기도 하면서 시시콜콜한 잡담을 1시간 정도 나눴습니다.

무슨 이야기를 했는지 기억도 나지 않을 정도의 잡담이었습니다. 그런데 그 사람은 저와 이야기를 하는 동안 가끔 메모를 했습니다. 그리고 헤어질 때 "기류 씨, 오늘 교육업계에 대해서 하신 말씀, 정말 공감하면서 들었습니다. 다음에 꼭 다시 들려주세요"라고 말했습니다.

저는 '아니, 언제 그런 이야기를 했었나?'라는 생각도 들었지만, 이 말을 듣고 정말 기뻤던 기억이 납니다. 그리고 그 기억이 아직까지 남아 지금 여기에 쓰고 있습니다.

상대방의 기억에 남으려면 구체적인 에피소드가 필요합니다. 헤어질 때의 미학으로 '오늘의 토픽 하나를 전달하기'를 꼭 실천해 보세요. 그 말 한마디가 인연을 이어가는 소중한 가교가 될 것입니다.

다시 만나기 위한 기술

삼류는 평범하게 "안녕히 가세요"라고 말하고
이류는 다음 약속을 잡으려고 하는데,
일류는 어떻게 할까?

처음 만났는데도 또 만나고 싶은 사람과 만나고 싶지 않은 사람, 이 둘의 차이는 무엇일까요? 프레젠테이션, 비즈니스 회의, 미팅 등에서 계속 다음에도 만나고 싶다는 생각이 들게 만든다면 인간관계는 크게 넓어질 것입니다.

그렇다면 다음에도 만나고 싶다는 생각이 들게 하려면 어떻게 해야 될까요? 그냥 "안녕히 가세요"라는 말만 해서는 안 됩니다. '친근 효과'를 이용해야 합니다.

친근 효과란 미국의 심리학자 노먼 앤더슨이 제창한 것으로, 간단하게 말하면 **'인간은 마지막에 얻은 정보에 영향을 받기 쉽다'**라는 것입니다.

영화에서도 보통 마지막 5분 동안 충격적인 결말이 펼쳐집니다. 마지막 5분 동안 엄청난 결말이 나온다면, 그 전까지 별 내용이 없다 하더라도 마지막 5분의 내용이 강렬한 임팩트를 주면서 머릿속에 또렷이 남기 때문에 누군가에게 말하고 싶어집니다.

이것은 인간관계에도 적용되는 것으로, **마지막에 주는 임팩트가 다음 전개에도 큰 영향을 끼칩니다.**

헤어질 때 임팩트를 주기 위해서는 상대방의 머릿속에 '공백'을 만들어야 합니다. 즉 다음이 궁금해지는 '한 구절'을 남기고 떠나는 것입니다.

"다음에 기회가 있으면 또 만나요"로는 공백이 만들어지지 않습니다.

이 문장을 "청어를 좋아한다고 하셨죠? 신주쿠에 유명한 청어 전문점이 있어요. 다음에 꼭 같이 가요"라는 문장으로 바꿔봅니다.

그러면 상대방의 머릿속에 '유명한 청어 전문점'이라는 공백을 남기고 떠날 수 있습니다. 그러면 실제로 갈지 안 갈지는 모르지만 상대방은 분명 기억을 할 것입니다. 왜냐하면 인간의 뇌는 공백을 싫어하기 때문입니다.

"이번에는 무려 경품을 세 가지나 준비했습니다! 하나는

5천 엔 상당의 상품권, 하나는 디즈니랜드 티켓 2장, 그리고 마지막 하나는……, 기대해 주세요!"라는 말을 듣는다면 마지막 세 번째가 신경 쓰이겠죠.

예전에 아이돌 록밴드 토키오가 진행하는 TV 프로그램 코너 중에 '진검승부 파이트 클럽'이라는 것이 있었습니다. 광고가 시작되기 전에 반드시 "이 다음, 엄청난 결말이!"라는 내레이션이 들어갑니다.

이렇게 '엄청난 결말'이라는 공백이 만들어지면 신경이 쓰여 메우고 싶어집니다. 결과적으로 채널을 바꾸지 않고 광고가 끝나기를 기다리게 됩니다.

다음에도 만나고 싶다는 생각이 들게 하려면 상대방의 뇌에 공백을 만들어야 합니다.

이 공백을 메우고 싶은 심리를 이용해서 '프로그램 홍보'를 하는 것이죠(신경 쓰이는 말을 한다). 이런 선전은 즉흥적으로는 어렵기 때문에 **처음에는 상황에 맞춰서 몇 가지를 준비해 두는 것**을 추천합니다. 몇 가지를 시도해 보는 과정에서 애드리브도 가능해집니다.

일류는 인연의 소중함을 알고 있습니다. 한 번의 인연을 소중히 키워나갑니다. 이를 실행하기 위해서 항상 '프로그램 홍보'로 포석을 깔아두는 것이죠.

헤어질 때

삼류는 가볍게 고개를 끄덕하고
이류는 깊게 고개를 숙이는데,
일류는 어떻게 배웅할까?

'정말 딱 1초, 2초였는데 아쉬워……' 하는 생각이 드는 경우가 자주 있습니다. 바로 업무 관련 미팅을 하고 헤어질 때입니다.

엘리베이터 밖에서 배웅할 때 엘리베이터가 완전히 닫히기 전에 고개를 드는 사람, 아직 완전히 닫히지 않았는데 사무실로 돌아가려고 하는 사람.

원래대로라면 엘리베이터의 문이 완전히 닫힐 때까지 고개를 숙이고 감사의 마음을 전해야 하지만, 엘리베이터의 문이 닫히기 전에 다음 행동을 취해 버리는 사람이 있죠. 모처럼 미팅이 좋은 분위기로 흘러갔음에도 불구하고 그 한순간의 행동으로 상대방이 느낀 인상이 나빠질 수도 있습니다.

반대로 헤어질 때 아주 철저하게 대응하는 기업은 기분 좋게 떠날 수 있습니다.

제가 예전에 매출이 1조 엔이 넘는 오래된 기업에서 강연을 했을 때의 일입니다. 그때는 담당자가 현관까지 나와서 배웅해 주었습니다. 저는 감사의 말을 전하고 현관을 나와 그대로 똑바로 걷기 시작했습니다. 조금 걷다가 길모퉁이에 다다라서 문득 현관 쪽을 돌아봤더니 놀랍게도 그 담당자는 아직도 그 자리에서 고개를 숙이고 있었습니다.

역시 매출이 조 단위인 전통 있는 기업은 제대로 하고 있다는 생각이 들었습니다.

또 제가 출장을 갔을 때의 이야기입니다.

어느 호텔에서 숙박하고 나올 때 안내 직원에게 택시를 불러달라고 부탁했습니다. 택시를 타고 조금 달리다가 호텔 입구가 신경 쓰여서 돌아봤습니다. 그랬더니 호텔 직원이 아직도 머리를 숙인 채 배웅해 주고 있었습니다.

그날 이후로 저는 그 호텔의 단골이 되었습니다.

앞에서 헤어질 때 임팩트를 주는 친근 효과에 대해서 이야기했는데, 역시 마지막에 좋은 인상을 남기면 기억에 오래 남아 다시 만나고 싶어집니다.

저의 친구 중에 전 세계 보험업계에서 높은 평판을 얻은 영업사원이 있습니다.

그는 고객의 현관을 나올 때 설사 그곳에 고객이 없다 하더라도 "오늘도 만나주셔서 감사합니다"라고 마음을 담아 고개를 깊이 숙여 인사를 한 후 그곳을 떠난다고 합니다.

엘리베이터 밖이라면 완전히 문이 닫힐 때까지 인사를 하고, 배웅하는 경우라면 상대방의 모습이 보이지 않을 때까지 배웅하고, 친구와 헤어질 때는 상대방이 보이지 않을 때까지 손을 크게 흔들어줍니다.

전부 아주 짧은 시간입니다. 이 아주 짧은 시간이 그 후의 자신의 인상에 큰 영향을 끼칩니다.

'악마는 디테일에 있다'처럼 '여신은 떠나는 순간에 있다'는 거겠죠?

헤어질 때 아주 잠시만 만남에 감사하는 시간을 가져보면 어떨까요?

대화를 잘하는 사람의 마음가짐

상대방에 대한 관심

삼류는 무관심하고
이류는 억지로 흥미를 가지려고 하는데,
일류는 어떻게 할까?

모티베이션&커뮤니케이션 스쿨은 과거 3만 명 정도가 수강을 했는데, "다른 사람에게 관심 없어요. 상대방과의 대화도 재미있지 않고요"라고 하는 사람들이 꽤 많았습니다. 이것은 이상한 일이 아닙니다. 이유가 뭘까요?

해설해 보겠습니다.
지금 자기 주변 사람 가운데 진심으로 관심이 있는 사람은 몇 명 정도인가요? 직장에서 8명이 같이 일한다고 해봅시다. 그 8명 가운데 자신이 정말 관심이 있는 사람은 몇 명 정도일까요?
솔직히 한 명이 있을까 말까 하는 정도이겠죠.
또 5 대 5 미팅에서 엄청나게 관심이 가는 상대와 만날 확률은 어느 정도일까요?

　이 경우도 한 명이 있을까 말까 하는 정도일 것입니다. 5명 모두가 이상형이라는 상황은 당연히 없겠죠.

　일상생활에서는 관심이 가는 상대와 만나는 경우가 드물 것입니다.

　그럼 어떻게 해야 관심 없는 상대와 대화를 재미있게 할 수 있을까요?

　이때는 자신이 '호기심'을 가지면 됩니다.

　낚시에 흥미가 없다 해도 낚시 이야기를 들으면 자신이 체험하지 못한 지식을 늘릴 수 있습니다. 이것이 바로 호기심을 채우는 행위입니다.

　이것이 가능하다면 다음에 누군가와 이야기할 때 "저번에 낚시를 좋아하는 사람에게 들은 이야기인데……"라는 식으로 이야깃거리를 늘릴 수도 있습니다.

　억지로 흥미를 가지려고 하는 것이 아니라 모르는 것을 알려고 하는 호기심을 불러일으키는 것입니다. 그리고 마치 리포터가 취재하듯이 듣습니다.

　"낚시를 좋아하시는군요! 저는 한 번도 안 해봤어요. 어떤 어종이 잡힐 때가 재미있어요? 요즘에 블랙배스가 인기가 많다고 하던데, 역시 루어는 몇 종류씩 준비하나요?"

이와 같이 새로운 지식을 얻는다는 생각으로 인터뷰를 해봅니다.

예전에 한 유명한 강연가에게서 "다른 사람의 이야기를 들을 때는 자신이 그 분야의 전문가가 되겠다는 마음으로 들으세요"라는 말을 들은 적이 있습니다.

만약 럭비를 좋아하는 사람과 대화를 한다면 누군가에게 럭비에 대해서 이야기할 수 있을 정도로 그 사람을 인터뷰하라는 뜻입니다. 기자가 메모장과 연필을 손에 들고 듣는 것처럼 말이죠. 그렇게 하면 상대방도 굉장히 만족하면서 이야기해 줄 것입니다.

철학자 소크라테스의 사상을 표현한 말 중에 '무지無知의 지知'라는 말이 있습니다. **'모르는 것을 깨닫는 것. 이것이 보다 잘 살기 위한 첩경이다'**라는 뜻입니다.

호기심은 대화를 활기차게 만들어주는 동시에 자신을 의욕적으로 만들어주는 스위치도 됩니다.

자신감

삼류는 자신감이 없고
이류는 애퍼메이션으로 자신감을 높이는데,
일류는 어떻게 자신감을 가질까?

타인과 대화하는 것이 서투르다거나, 처음 만나는 사람과 함께 있으면 긴장된다는 얘기를 많이 듣습니다. 그 밑바닥에는 '스스로에게 자신감이 없다'는 불안이 존재하기 때문입니다.

흔히 자신감을 가지기 위해서 애퍼메이션affirmation이라는 기법을 사용합니다.

애퍼메이션이란 자기 자신에게 긍정적인 선언을 하는 것입니다. 구체적으로 말하면 '나는 할 수 있다', '나는 된다'라고 스스로를 인정해 주는 것입니다.

그 자체는 굉장히 좋은 일이라고 생각합니다. 하지만 아무런 근거도 없이 그냥 자신을 인정만 한다면 결국 설득력이 부족하여 '역시 난 안 되나 봐'라는 생각이 시계추처럼 되돌아오고 말 것입니다.

그럼 어떻게 하면 좋을까요?

사실 '스스로에게 자신감이 없다'라고 생각하는 사람의 이야기를 들어보면 항상 자신이 없는 것은 아닙니다. 자신감을 가지고 말하는 경우도 있습니다.

예를 들어 자신이 굉장히 좋아하는 것(좋아하는 아이돌, 취미인 프라모델, 영화 감상, 카메라, 디저트)이나 자신이 예전부터 빠져 있는 것에 대해서는 주눅 들지 않고 말할 수 있습니다. 사이가 좋은 친구나 가족과 이야기할 때 긴장해서 말을 못하는 사람은 없습니다. 그러니까 자신감을 가지고 말하는 능력 자체는 가지고 있다는 뜻입니다.

그런데 왜 자신감을 가지고 말할 수 있을 때와 없을 때가 있는 걸까요? 이때는 잘 알고 있는지 아닌지가 문제가 됩니다.

자신이 이야기할 주제에 대해 예측이 가능한 경우는 말을 잘할 수 있습니다. 그래서 좋아하는 아이돌이나 30년 이상 해온 취미에 대해서는 자신 있게 말할 수 있습니다. 인간은 대개 이런 이야기로 흘러간다거나, 이런 전개가 된다고 상상할 수 있는 상황에서는 자신감을 가지고 말할 수 있습니다.

하지만 갑자기 메소포타미아 문명에 대해서 30분 동안 말하라고 한다면 급격하게 자신감이 사라집니다. 메소포타미아 문명에 대해서는 잘 모르기 때문입니다.

즉 주제에 대해서 예상이 어렵다는 뜻입니다.

대화 이야기로 돌아가 봅시다. 대화 공간의 상황은 시시때때로 변하기 때문에 앞으로 어떤 이야기가 펼쳐질지 모릅니다. 그렇지만 상상력을 이용해서 예상을 하는 것이 가능합니다.

이제까지 이 책에서 말한 것처럼 대화의 시작 방법, 전개 방법, 듣는 방법, 분위기를 띄우는 방법, 좋은 인상을 남기는 방법 등을 실천해서 경험을 쌓는다면 대화에서도 대강 예측이 가능합니다. 그렇게 되면 예전보다 자신감을 가지고 대화를 할 수 있습니다.

그런 의미에서도 이 책을 적극적으로 활용하면 좋을 것 같습니다.

인간이 가진 최고의 능력은 상상력입니다. 상상력은 무

한합니다. 아무리 인공지능이 발전해도 인간을 넘어설 수는 없습니다. 상상하는 것은 자유입니다. 그 **상상한 세계는 신선할수록 더 좋겠죠.**

그 첫걸음으로 자신의 상상력을 100퍼센트 활용하여 '오늘은 어떤 대화를 할 수 있을까?', '그 사람과 어떤 이야기를 나누어 재미있는 시간을 가질까?' 하고 대화가 즐거워지는 상상을 해보면 좋을 것 같습니다.

자기 투자

삼류는 아무것도 배우지 않고
이류는 지식을 얻기 위해 배우는데,
일류는 무엇을 위해 배울까?

저는 직업상 많은 경영자들과 만납니다. 개인 사업을 하는 사람까지 포함하면 이제껏 1천 명 이상의 경영자를 만나 이야기를 나눴습니다.

저는 항상 사람들을 만날 때 "지금 무엇을 배우고 계세요?"라는 질문을 합니다. 그 질문에 대한 대답으로 자주 나오는 것이 바로 '말하기'입니다.

인간은 매일 말을 하며 살기 때문에 일부러 배울 필요가 없다고 생각하는 사람도 있을지 모르지만, 일류는 그렇게 생각하지 않습니다.

우리는 하루에도 몇 번이고 말을 통해 상대방에게 의사를 전달하고 커뮤니케이션을 취합니다. 일류는 말하는 것을 소홀히 여기지 않습니다. 그래서 책에서 배우기도 하고,

연수나 세미나에 참가하기도 하고, 코치에게 직접 배우기도 합니다. 미국에서는 사업가가 스피킹이나 보이스 트레이닝을 배우는 것을 당연하게 생각합니다.

일류가 배우는 것은 아주 평범한 것입니다.

예를 들면 호흡 같은 것이 그렇습니다. 보통은 '호흡 같은 것은 공부하는 것이 아니다'라고 생각할지도 모릅니다. 하지만 호흡 방법, 깊이, 리듬에 따라 사람의 컨디션이 크게 달라집니다. 일류라고 불리는 사람 중에는 호흡이나 명상을 배우는 사람이 굉장히 많습니다.

걷는 것도 마찬가지입니다. 걷는 것도 특별히 배우지 않아도 할 수 있습니다. 그러나 걷는 방법을 조금 바꾸는 것만으로도 소비 에너지가 달라집니다. 다이어트에도 즉각적인 효과가 있습니다.

무슨 이야기를 하고 싶은가 하면 **성과를 내는 사람은 '그냥도 할 수 있는 것, 하지만 가치가 있는 것'에 주력한다**는 것입니다.

그렇다면 대화에서는 어떨까요?

대화도 그냥 할 수 있을지도 모릅니다. 하지만 처음 만났을 때 하는 인사, 이야기를 꺼내는 방법, 어휘를 늘리는 방법, 이야기를 듣는 방법, 반응하는 방법을 공부하는 것만으로도 상대방과의 관계를 크게 변화시킬 수 있습니다.

대화는 일상 속에서도 배울 수 있습니다. 예를 들면 TV에서 배우는 것도 가능합니다.

명진행자 아카시야 산마가 자주 사용하는 "음, 그렇군", "오, 그래서?", "그랬더니?", "그래서?"와 같은 맞장구치는 말. 이런 말을 적극적으로 활용하면 대화의 분위기가 고조됩니다. 또 다른 명진행자 타모리 역시 화술이 좋기로 유명한데, 버라이어티 방송의 사회자는 정말 능수능란하게 대화를 이끕니다.

저는 매일 아침 '안녕 데라짱 활동 중'이라는 라디오 방송을 듣습니다. 진행자인 데라시마 나오마사는 "네, 네"라는 말을 세 가지 패턴으로 나눠서 사용합니다. 매일 아침 게스트를 초대해 정치, 경제, 시사에 대해서 이야기를 나누는데 항상 분위기가 너무 좋아서 인기 방송이 되었습니다.

일류는 커뮤니케이션의 달인입니다. **항상 '어떤 대화를 하면 상대방이 마음을 열어줄까', '상대방이 원하는 것은 무엇일까', '상대방을 기쁘게 만드는 것은 무엇일까' 등을 철저하게 연구합니다.**

많이 배워서 지식을 늘릴 필요가 있을지도 모릅니다. 하지만 본질은 '가치 있는 것을 배우는 것'입니다. '배우지 않아도 그냥 할 수 있지만 가치 있는 것'을 소중하게 생각하며 자기계발에 힘써 보길 바랍니다.

성공의 비결

삼류는 선천적인 재능이라고 대답하고
이류는 강한 의지라고 대답하는데,
일류는 뭐라고 대답할까?

성공한 사람 중에는 화술에 능한 사람이 많습니다. 만난 순간에 왠지 모르게 마음이 열리는, 말을 하면 즐거운, 또 만나고 싶은, 그런 커뮤니케이션의 달인 말이죠.

그렇다면 그런 성공한 사람들의 공통점은 무엇일까요? 성공한 사람들의 입에서 나오는 말에 주목하면 답을 찾을 수 있습니다.

지금까지 성공의 법칙으로 꿈이나 목표가 중요하다거나, 의지가 강해야 한다거나, 목표가 높아야 한다거나, 꿈이 커야 한다거나, 경험이 풍부해야 한다거나, 도전을 많이 해야 한다거나 하는 이야기를 많은 사람들이 해왔습니다. 그런데 딱 한 가지가 '반드시'라고 말해도 될 정도로 공통적으로 언급됩니다.

그것은 바로 강한 운입니다.

노력이나 재능 같은 것도 필요하지만 공적을 남긴 사람들의 자서전에는 반드시 '우연', '때마침', '운 좋게', '다행히도'라는 말이 등장합니다.

일본의 '경영의 신'이라 불리는 마쓰시타 고노스케가 면접 때 "당신은 운이 강한 사람인가?"라는 질문을 했다는 이야기는 아주 유명하죠. 일본의 가장 저명한 사업가이자 경제인인 시부사와 에이이치도 "좋은 운은 좋은 사람에게"라고 운에 대해서 이야기했습니다. 코미디언 하기모토 긴이치의 책 《안될 때일수록 운이 모인다》도 베스트셀러가 되었습니다.

운이란 그 사람의 의지나 노력만으로는 어찌 할 수 없는 좋은 운명을 말합니다. 자신의 영역을 뛰어넘어 좋은 방향으로 이끌어준다는 것이죠.

제가 알고 있는 경영자 중에는 한때 암 선고를 받았지만 기적적으로 회복하여 엄청난 성공을 거둔 사람, 큰 사고를 겪었지만 구사일생으로 살아나 다시 재기한 사람처럼 운이 좋은 사람이 굉장히 많습니다.

그렇게 생각하면 저도 운이 꽤 강한 사람이라고 생각됩니다.

저의 조부는 태평양전쟁에 참전했습니다. 조부는 지금의 북한 회령에서 출발하여 필리핀으로 향하던 배에서 기습 공격을 당했습니다. 배는 침몰했고 배에 탔던 600명 대부분이 목숨을 잃었지만, 기적적으로 단 7명만이 살아남았습니다. 그중 한 사람이 저의 조부입니다. 이삼 일 정도 바다에서 표류하다가 구원대에 구조되었다고 합니다.

이런 걸 생각하면 제가 이렇게 살아 있는 것도 기적입니다. 운이 강하다고밖에 말할 수 없죠.

암이나 큰 사고와 같은 불운에서 탈출하거나 기적적인 사건을 겪는 사람만 운이 강하냐고 묻는다면 아니라고 할 수 있습니다. 인간은 한 번의 사정으로 1~3억 개의 정자가 배출됩니다. 그 가운데 딱 하나가 난자에 도달해 수정이 됩니다. 수억 개의 정자 가운데 딱 하나 살아남은 것이 자신이라고 생각하면 이런 기적은 또 없을 것입니다. **이미 우리 모두가 행운의 주인공입니다.**

태어났다는 사실 자체만으로도 행운인 것이죠. 살아 있는 것만으로도 행복한 것이고요. 아카시야 산마의 딸 이마

루MARU는 '살아 있는 것만으로도 개이득生きているだけで丸儲け'을 줄인 말(生きてる의 첫 발음 I와 丸儲け의 첫 발음 MARU를 합친 말)이라고 합니다. 이런 해석이 가능한 사람에게 사람도 정보도 돈도, 그리고 행운도 모여드는 것이라고 생각합니다.

대화도 인간관계를 형성하는 데 아주 중요한 요소입니다. **누구라도 자신이 불행하다고 생각하는 사람보다는 행복하다고 생각하는 사람과 이야기하고 싶겠지요.** 이것 때문이라도 우리 개인이 '태어난 것 자체가 기적'이라는 생각을 가지고 마음 속 깊은 곳에서 감사할 수 있는지 없는지가 중요한 것이죠. 이것이 바로 인생을 풍요롭게 만드는 가장 큰 포인트라고 생각합니다.

열

삼류는 불연성 인간이고
이류는 가연성 인간인데,
일류는 무슨 인간일까?

　사람들이 모여드는 사람, 사람들이 떠나가는 사람, 세상에는 이 두 종류의 사람이 존재합니다.
　사람들이 모여드는 사람은 역시 따뜻하고 에너지가 넘치는 사람이 아닐까요?
　함께 있으면 분위기가 어두워지는 사람과는 대화도 하기 힘들겠죠.

　프롤로그에도 썼지만, 대화는 서로 간에 말을 주고받음으로써 관계성에 불을 지피는 것입니다. 그러니까 별것 아닌 이야기로도 그곳의 분위기가 달아오르는 것입니다.
　이렇게 생각하면 역시 젖은 성냥 같은 사람이 아니라 활활 타오르는 불길처럼 주위를 따뜻하게 해주는 사람에게 사람들이 모여들겠죠.

전자부품·전기제품 브랜드 교세라를 창업하고 이동통신 사업자 KDDI의 전신인 DDI를 설립했으며 일본항공을 재건한 이나모리 가즈오가 항상 하던 말이 있습니다.

그것은 바로 '자연自燃'입니다. "이 세상에는 전혀 타지 않는 불연성 인간, 다른 사람의 말을 듣고 타기 시작하는 가연성 인간, 그리고 스스로 타기 시작하는 자연성 인간, 이 세 종류의 인간이 있다. 우리는 스스로 탈 수 있는 자연성 인간이 되어야 한다"라는 가르침입니다.

그렇다면 자연성 인간은 어떤 인간일까요?

수많은 성공한 사람이 반드시 가지고 있는 것, 그것은 바로 '문제의식'입니다. 자신이 가진 에너지 수치가 높은 사람은 문제의식이 굉장히 높습니다.

이나모리 회장이 일본항공을 재건할 때는 '이대로 나간다면 항공업계뿐만 아니라 일본의 경영 전체에 좋지 않은 영향을 줄 것이다. 반드시 재건해야 한다'라는 강렬한 문제의식을 가지고 있었다고 합니다.

문제의식이란 현재와 미래의 차이에서 문제를 느끼는 의

식입니다.

그 의식이 높으면 높을수록 '뭐든 해야지!'라는 열의가 넘쳐나게 됩니다. 그러면 난로 때문에 주변이 따뜻해진 것처럼 그곳으로 사람들이 모여듭니다.

대화에 대해서도 '어차피 말을 주고받는 행위인데 그게 뭐 대수야?'라고 생각하는 사람과 '대화는 인간관계를 풍요롭게 만드는 계기가 돼. 활발한 대화를 통해 주변 사람들과 좋은 관계를 맺어나가야지'라는 문제의식을 가지고 있는 사람 중 어느 쪽의 대화가 더 열기를 띨까요?

당연히 후자입니다.

이 책을 손에 든 사람은 '대화를 더 잘하고 싶다', '화술을 더 원활하게 가다듬고 싶다', '대화를 통해 주변 사람들과 좋은 관계를 쌓고 싶다'라는 문제의식을 가지고 있을 것입니다.

이런 문제의식을 가진 사람이 **열심히 화술을 연구하고 평소의 대화에 적용하여 상대방이 즐거워할 수 있는 이야기에 계속 도전한다면 분명 대화는 뜨거워지겠죠.** 그리고 그 열기가 사람들을 끌어 모을 것입니다.

앞으로도 대화에 대해 꾸준히 연구하고 실천하여 소중한 인연을 키워나가길 바랍니다.

분명 여러분의 대화가 누군가의 미래를 바꾸는 순간이 찾아올 것입니다.

| 에필로그 |

드디어 5세대(5G) 이동통신의 시대가 열렸습니다.

그리고 무인 자동차가 도로 위를 달리고, 짐은 드론이 집까지 배달해 주고, 가게에서는 계산대가 사라지는 등 사람을 통하지 않고 다양한 것들을 실현할 수 있는 세상이 되고 있습니다.

앞으로 TV의 역할이 스마트폰으로 옮겨간다면 거실에 모여서 가족끼리 단란하게 보내는 시간이 사라질지도 모릅니다. 사물인터넷Internet of Things이 발달해서 자동으로 냉장고의 식재료로 요리가 만들어진다면 아이들이 엄마의 요리를 도와주는 일도 사라지겠죠. 친구와의 대화는 대부분 인터넷으로 이루어질지도 모릅니다.

이렇게 편리한 세상이 되어가는 한편 실제 커뮤니케이션은 급격하게 줄어들 것입니다. 실제 커뮤니케이션이란 실제로 만나서 날것의 대화를 나누면서 서로의 감정을 이해하고 직접적인 의사소통을 취하는 커뮤니케이션입니다.

저는 인터넷상의 커뮤니케이션이 좋지 않다고는 생각하지 않습니다. 세상이 진화하는 것은 정말 멋진 일입니다. 다만 문제는 그 진화와 동시에 실제 커뮤니케이션이 전혀 진화하지 않는다는 점입니다.

자동차의 액셀과 브레이크 양쪽을 발전시켜 성능 좋은 자동차를 만들어온 것처럼 인터넷상의 커뮤니케이션과 실제 커뮤니케이션이 고차원적으로 발전해 나가야 멋진 인간관계, 아이디어, 문화가 형성될 것입니다.

현재 일본의 교육업계를 보면 실제 커뮤니케이션을 배우는 환경이 너무나도 취약합니다. 이를 보완하기 위해 제가 커뮤니케이션 스쿨을 설립한 것입니다. 아직 미약하기는 하지만 당사의 커뮤니케이션 트레이닝은 전국으로 확산되고 있습니다.

실제 커뮤니케이션의 힘을 갈고닦으려면 어떻게 해야 될까요? 이때 필요한 것이 바로 이 책의 테마이기도 한 '대화'입니다.

대화는 언제 어디서나 누구와도 할 수 있는 실제 커뮤니케이션입니다. 특별한 용건이 없더라도, 말하고 싶은 주제가 정해져 있지 않았더라도 "요즘 어때?"부터 시작할 수 있는 의사소통 수단입니다.

대화는 그 공간의 분위기가 생명입니다. 기분 좋고 즐겁고 재미있고 두근두근하고 열기가 달아오르고 분위기가 고조되고 기운이 나는, 그런 긍정적인 감정을 만들어내는 힘이 대화 속에 숨겨져 있습니다.

인공지능이 발달할수록 인간이 가진 감정이 가장 중요해지는 시대가 찾아옵니다.

이 책을 통해 실제 커뮤니케이션 능력이 꽃을 피워 깊은 인간관계를 맺고 사람과 사람의 마음이 통하는 멋진 스토리가 탄생되길 바라면서, 이 책을 끝맺도록 하겠습니다.

마지막까지 읽어주셔서 정말 고맙습니다. 진심으로 감사의 말씀 전합니다.

기류 미노루

| 옮긴이의 글 |

　대화는 말을 주고받는 행위인데, 우리의 생활 가운데 언제 어디서나 되풀이되는 일상사이다. 하지만 세상을 살다 보면 약속을 잡고 만나는 회의나 프레젠테이션, 혹은 모임이 아니라 우연히 시작되는 자그마한 대화에서 새로운 인연이나 기회가 생기는 경우가 생각보다 많다. 어쩌면 사소할지도 모르는 대화로 우리 인생이 달라질지도 모른다는 것이다. 그런데 문제는 우리 인생을 변화시킬지도 모르는 이런 대화가 생각보다 어렵다는 것이다.
　만약 상대방이 나에게 관심을 보인답시고 온갖 것을 다 물어본다면 기분이 어떨까? 또 내 생각에 너무 재미있는 이야기를 끝도 없이 늘어놓는다면 상대방은 어떤 표정을 지을까? 이런 생각을 하다 보면 별거 아닌 것 같았던 대화에 점점 더 자신감이 사라지는 것을 느낄 것이다. 왠지 나도 그런 적이 있는 것 같은 기분이 들기 때문이다.
　나도 개인적으로 이 책을 읽으면서 가슴이 뜨끔한 경우

가 몇 번이나 있었다. 말을 하다가 나도 모르게 신이 나서 고속도로를 달리듯 아무것도 생각하지 않고 내달리는 경우도 있었고, 상대방이 말을 하면 뭐라고 대답해야 할지 몰라 "네……", "아……"만 하다가 상대방이 자리를 옮겨버리는 경우도 있었다. 물론 이런 일은 한 번으로 끝나지 않았고 반복될 때마다 혼자 '뻘쭘하네' 하고 생각하고 그냥 또 잊어버렸다. 이런 대화를 나눈 사람 중에는 내가 더 친해지고 싶었던 사람도 있었고, 나중에 물어보고 싶은 말이 있었던 사람도 있었다. 그런데 그 기회를 전부 놓쳐버린 것이다.

내가 만약 이 책에서 저자가 말하는 것처럼 일상생활에서 흔히 생기는 이런 대화의 기회를 잘 이용했다면 상대방과 원만한 관계성을 쌓아 더 좋은 기회를 잡았을지도 모른다. 어쩌면 인생이 조금 더 풍요로워졌을지도 모른다. 설사 거창한 일은 생기지 않는다 하더라도 그 순간 상대방의 기분이 좋아진다면 분명 그 사람은 나에 대해서 좋은 인상을 가질 것이다. 그리고 그 미래에 어떤 좋은 일이 생길지는 아무도 모른다.

이 책의 저자 기류 미노루는 커뮤니케이션 스쿨을 운영하는 커뮤니케이션 전문가다. 커뮤니케이션 관련 일을 하기 전, 영업 실적이 최하위였다가 스스로 낯가림을 극복하여 매출 달성률 1위를 기록한 경험도 가지고 있다. 그 경험을 바탕으로 상대방과의 관계성을 만들 수 있는 대화에 주목하여 대화로 사람의 마음을 움직이는 방법을 알려주는 것이다. 우리 모두가 알고 있듯이 똑똑하다고 모두 출세를 하는 것도 아니고, 세상에 도움이 되는 상품이 꼭 잘 팔리는 것도 아니다. 그렇기 때문에 모든 일의 기초가 되는 사람과 사람 사이의 관계를 만들어주는 대화에 주목해야 하는 것이다.

이 책의 가장 큰 특징은 대화의 기술을 일류, 이류, 삼류의 방법으로 구분해서 비교를 통해 알기 쉽게 설명해 준다는 점이다. 읽다 보면 이류의 대화 기술로 언급되는 방법도 크게 나쁘지 않다는 생각도 든다. 그렇지만 바로 이어지는 일류의 기술을 보면 역시 일류는 다르다는 생각이 들 수밖에 없다. 일류는 단순히 이야기를 잘하는 데서 그치지 않고 상대방이 편하게 말하도록 대화 소재를 제공하고 분위기를 띄운다. 상대방이 나와 대화를 나누다가 자신도 모르게 신이 나서 계속 말하는 경험을 한다면 분명 그 사람은 나에 대해 좋게 기억할 것이다. 그러면 언젠가 적절한 기회가 생겼을 때 나를 먼저 떠올리지 않을까?

최근에는 생각지도 못한 코로나19의 충격으로 실제 커

뮤니케이션의 기회가 급격히 줄어들었다. 하지만 이런 시대이기 때문에 실제 커뮤니케이션의 중요성도 더 커질 것이라고 생각한다. 줄어든 만남의 기회를 누구보다 잘 이용해서 상대방에게 좋은 인상을 남길 수 있다면 어떤 사람과도 원만한 인간관계를 구축할 수 있을 것이다.

인간관계가 고민이라면 이 책에서 소개하는 '일류의 대화' 기술을 마음에 드는 것부터 하나씩 적용해 보면 좋을 것 같다. 한 번 성공한다면 자신감도 생겨 나만의 기술로 만들 수 있을 것이다. 그러면 언젠가는 "너랑 이야기하고 있으면 너무 편하고 좋아"라는 말을 듣게 될지도 모른다.

이현욱

사람과 돈이 따르는
대화의 일류, 이류, 삼류

초판 1쇄 발행 2025년 08월 28일

지은이 기류 미노루
옮긴이 이현욱
편집주간 강경수
디자인 투에스북디자인
물류지원 비앤북스
펴낸곳 산솔미디어

등 록 제 406-2019-000036 호
주 소 경기도 파주시 재두루미길 150, 3층 (신촌동)
         (서울사무소) 서울시 마포구 월드컵북로5길 65 (서교동), 주원빌딩 201호
전 화 02-3143-2660
팩 스 02-3143-2667
이메일 sansolmedia@naver.com

ISBN 979-11-983517-2-2 (03190)

※ 책값은 뒤표지에 있습니다.
※ 잘못된 책은 구입하신 서점에서 바꾸어 드립니다.